Heidrun Kuhlmann

Himmelsglanz und Erdenschwere

Erfrischende Erfahrungen

johannis

Aktuelle Informationen über die Arbeit der Autorin
finden Sie auf ihrer Homepage: **www.seelenfutter.de**

Bibliografische Information der Deutschen Nationalbibliothek
Die Deutsche Nationalbibliothek verzeichnet diese Publikation
in der Deutschen Nationalbibliografie; detaillierte bibliografische
Daten sind im Internet über http://dnb.d-nb.de abrufbar.

ISBN 978-3-501-01589-6

Bestell-Nr. 72471
2. Auflage 2008
© 2008 by Verlag der St.-Johannis-Druckerei,
Lahr/Schwarzwald
Umschlagbild: Harris/IFA-Bilderteam
Umschlaggestaltung: Friedbert Baumann
Gesamtherstellung:
St.-Johannis-Druckerei, Lahr/Schwarzwald
Printed in Germany 17113/2008

www.johannis-verlag.de

Inhalt

Vorwort 7

**Tu, wo du bist, das, was du kannst,
mit dem, was du hast** 9
Liebeserklärung an das Alltägliche 14
En passant 16
Sei du selbst die Veränderung, die du dir
wünschst für die Welt 18
Geht nicht, gibt's nicht 20
Das Wichtigste zuerst 22
Wir bringen was zum Blühen 24
Egal, was kommt: Die Kühe müssen gemolken werden 26
Jetzt reicht's – Dornröschen erwacht auch ohne Kuss 28

Binde deinen Karren an einen Stern 30
Waterloo 34
Den Seinen gibt's der Herr im Schlaf 35
Ich mache jetzt Karriere 37
Standbein und Spielbein 39
Wenn die Schuhe passen, vergisst man die Füße 40
Stressfreie Zonen 41
Zukunftsklausur 44
Befreiungen 45

Vorsicht zerbrechlich! – Handle with care! 48
Wunden, die zu Perlen werden 52
Einfühlungsvermögen 54
Verspannungen – Wenn der Körper von
der Seele spricht 55
Wenn es dir guttut, dann komm 56
Du bist nicht allein 58
Die Kunst des Scheiterns 59

Man kann mitunter scheußlich einsam sein 61
Koch dich erst mal 'nen Kaffee 63

Ja sagen zum großen Fluss des Lebens 65
Wenn das Leben in die Jahre kommt 70
Alles hat seine Zeit 73
Karfreitage unseres Lebens 75
Das große Comeback 76
Bunt sind schon die Wälder 77
Vorfreude ist die schönste Freude 79
Silvester-Stimmung 80
Ich lebe mein Leben in wachsenden Ringen 82

**Wie du lebst, das redet allemal lauter als das,
was du sagst** 85
Sich bewegen bringt Segen 88
Die Zeit zu beginnen ist jetzt – der Ort für
den Anfang ist hier 90
Solang du in dir selbst nicht zu Hause bist,
bist du nirgendwo zu Haus 91
Einen Schritt nach dem anderen 93
Von 0 auf 42 – alles ist schwer, bevor es leicht wird 95
Lebenskünstler 96
Frühwarnsysteme der besonderen Art 98
Zukunftswerkstatt Familie 100

Es gibt große und kleine Geister in dieser Welt! 103
Der kleine Mann im Ohr 107
Ist heute Donnerstag oder Sommer? 109
Domino Day 111
Bewusster wahrnehmen, was ist – Tagebuch schreiben 113
Geiz ist nicht geil, sondern geistlos 115
Spiel mir das Lied vom Leben 117
Ich denke an dich 118
Personal Trainer 120

Herzensbildung 122
Es gibt keine Leute, die nichts erleben,
es gibt nur Leute, die nichts davon merken 126
Solo dios basta 127
Beziehungs-weise 129
Die Kunst des Schenkens … 130
Das Leben ist uns gut 132
Homo schlaraffiensis 133
Meine Zeit mit David 135
Vorher Bescheid gibt nachher keinen Streit 137

Man sieht nur mit dem Herzen gut 139
Wie man in den Wald hereinruft,
so schallt es auch heraus 144
Sind wir nicht alle ein bisschen Matroschka? 145
Die einen haben zu viel – die
anderen haben zu wenig 147
Was wirklich zählt auf dieser Welt,
bekommst du nicht für Geld 150
Zulassen, loslassen, gelassen sein 152
Die Liebe der Stachelschweine 154
Ins Goldene Buch eintragen 156
Wie im Himmel 158

Vorwort

Der Sommerwind tut gut. Ich schaue auf die Nordsee mit den Halligen. Der Blick ist weit, mein Herz auch.

Das Inselgefühl! Für ein paar Tage mal alles hinter sich lassen. Mit dem Festland auch das, was mich sonst noch festhält.

Ich sitze am Südstrand in Wyk auf Föhr und ahne etwas von der Leichtigkeit des Seins, von der Größe des Lebens, vom weiten Horizont, vom guten Gott, der alles so wunderbar arrangiert hat!

Aber: Wir leben nicht auf einer Insel. Oft genug gehen uns Weite und Schwung verloren. Da stecken wir drin in ganz viel Kampf und Krampf! Die Erdenschwere, das, was uns beschlagnahmt, ist stärker als unsere Hoffnung, unsere Freude und Stärke.

Ich stehe vor einem Schaufenster und entdecke ein Sommerkleid ganz nach meinem Geschmack. Ich habe Zeit, ich habe Geld, ich bin begeistert – und als ich in das Kleid steige, merke ich, dass ich die falsche Figur dafür habe.

Ist doch kein Problem mit den paar Kilos! O doch, die Erdenschwere mit ihren Trägheitsmomenten ist groß!

Kennen Sie das?

Mutter sein ist etwas ganz Großes! Kinder in diese Welt hineinlieben, sie stark machen für die Wege des Lebens!

Und dann sind da die unruhigen Nächte. Am Anfang wegen der ersten Zähne, später wegen der ersten Solo-Fahrten mit eigenem Führerschein und manchem Liebeskummer, wegen zu viel oder zu wenig Ehrgeiz. Irgendetwas ist immer! Eine Mutter ist zeitlebens mit den Kindern verbunden, als wär's ein Stück von ihr selbst. Sie weiß, wie das ist mit uns »Erdlingen«, die ganz viel Himmel im Kopf und im Herzen haben!

Wer etwas bewegen möchte in dieser Welt, sich mit

großen Plänen und viel Elan und Mut auf den Weg macht, der spürt, wie oft er ausgebremst wird, wie zäh manche Entwicklungen verlaufen, wie man stundenlang in irgendwelchen Sitzungen »tagt und tagt« – und es doch nicht heller wird! – Ja, manchmal ist es nur ein kleiner Stein im eigenen Schuh, der den sonst so forschen Schritten die Leichtigkeit nimmt.

Da sagte jemand: »Bis jetzt ist der Tag eigentlich ganz gut gelaufen. Meine Stimmung ist prima, ich habe keine unangenehmen Begegnungen gehabt, es hat keine größeren Probleme gegeben, ich bin nicht der Versuchung nach Süßigkeiten erlegen und die Kreditkarte habe ich auch nicht überzogen! – Aber, guter Gott, in fünf Minuten werde ich aus dem Bett aufstehen – und dann brauche ich wirklich deine Hilfe!«

Ach ja, wir bewegen uns zwischen Himmelsglanz und Erdenschwere, zwischen Lebe-Lust und Sterbenmüssen, zwischen aufrechtem Gang und Herumgekrauche, zwischen stark und zerbrechlich, grandios und erbärmlich sein.

Ich möchte Sie einladen zu der einen oder anderen Entdeckung zwischen »am Boden gehalten sein« und »den Himmel im Herzen tragen«!

Tu, wo du bist, das, was du kannst, mit dem, was du hast

Dieser Spruch klebte auf der Mappe der Pflegedienstleiterin des Klinikums Schaumburg, die unter anderem in der Hospizarbeit ein weites, wichtiges Feld betreut, wo viele äußere und innere Kräfte gebraucht werden.

Diese Frau bekleidet ein Amt, in dem es immer mehr zu tun gibt als das, was ein Mensch leisten kann. Und wir wissen alle: Das gibt es in ganz vielen Bereichen. Das kennt jeder Arzt, jede Pastorin, jede Mutter, jeder Pädagoge. Das wissen alle, die einen Garten haben, die ein Geschäft führen, die ein offenes Auge und Herz haben für das, was um sie herum geschieht.

Die Aufgaben sind immer größer als die Kräfte, die uns zur Verfügung stehen!

»Tu, wo du bist, das, was du kannst, mit dem, was du hast!«

Dieser Satz tut gut. Er entlastet: Du musst dich nicht für alles verantwortlich fühlen. Du musst nicht wie der Riese Atlas die Last der Welt (zumindest deiner kleinen Welt) auf den Schultern tragen.

Dieser Satz nimmt uns den Druck, ständig dem hinterherzuhecheln, was wir selbst von uns erwarten, und nicht eher zur Ruhe zu kommen, bis die Welt um uns herum so ist, wie wir sie uns vorstellen.

Lieber Mensch, das, was du leisten kannst, ist begrenzt – akzeptier es einfach! Du kannst nicht alle bedienen, die ihre Erwartungen an dich herantragen, von deren Kummer du weißt. Du kannst den Menschen die Wege nicht abnehmen, die sie ganz allein gehen müssen. Du darfst auch mal sagen: Feierabend! Es ist genug!

»Tu, wo du bist, das, was du kannst, mit dem, was du hast!«

5000 Männer und die dazugehörigen Frauen und Kinder haben sich aufgemacht, um Jesus zu hören und zu erleben.

Es ist Kirchentagsstimmung! Zu allen Zeiten haben Menschen das Wort gesucht, das ihren unbändigen Hunger nach Leben stillt, haben den Trostvogel gesucht, der singt, wenn die Nacht noch dunkel ist.

Zu allen Zeiten wollten Menschen an ihre eigentliche Größe erinnert werden, wollten wissen, wie sie durchkommen, wenn alles drunter und drüber geht, wollten wissen, wie man wieder aufstehen kann wie ein Phönix aus der Asche, wenn man am Boden gelegen hat.

Es war spät geworden. Sie hatten die Zeit vergessen und jetzt knurrten die Mägen!

So viele Menschen – und nichts zu essen. Was nun?

Jesus sagt zu seinen Jüngern: »Gebt ihr ihnen etwas zu essen!«

Lächerlich! Weltfremd!

Hier ist doch nichts! Kein ernsthaft denkender Mensch wird auch nur eine Sekunde lang davon ausgehen, dass dieses Projekt gelingen kann.

Ja, das war schon was, wie die Leute vom Partyservice beim Abi-Ball in Rinteln 500 Leute versorgt haben. Eine Meisterleistung war das!

Aber hier waren 10, 20 Mal so viel.

Es war in der Wüste. Es gab keine Kühlwagen, kein Geschirrmobil, keine Lunchpakete. Da war nichts!

Und dann stand da ein kleiner Junge. Der kramte in seinem Rucksack und holte fünf Brötchen und zwei Fische heraus.

Wie Kinder so sind mit ihrer Unbekümmertheit, mit ihrem Vertrauen ins Leben.

Und Jesus nahm diese fünf Brötchen und zwei Fische, sprach ein Dankgebet, segnete das Essen und fing an auszuteilen – und während er austeilte, wurde es mehr und immer mehr, so, dass alle satt wurden. Was war da passiert? – Ein Wunder! Etwas, was sich unserem Verstehen entzieht.

Mir fällt sofort ein, was wir seit vielen Jahren in unserer Gemeinde praktizieren.

Wenn ein größeres Treffen ansteht, der Neujahrsempfang oder die Weihnachtsfeier, dann gibt es ein Überraschungsbuffet. Jeder bringt eine Kleinigkeit mit. Das, was er gut kann, was kein großer Aufwand für ihn ist.

Und dann stehen wir da und staunen, was in dieser unkomplizierten Weise an Vielfalt und an Köstlichkeiten zusammengekommen ist.

Jeder kommt mit einer Kleinigkeit – und auf einmal ist genug da für ein Fest!

Wie das mit der Kirche weitergeht, das wird nicht in erster Linie davon abhängig sein, ob immer genug Geld zur Verfügung steht, ob wir wer weiß was auf die Beine stellen, immer neue Events anbieten können.

Die Zukunft der Kirche hängt davon ab, ob Menschen bereit sind, das, was sie haben, mit anderen zu teilen und Gott zutrauen, dass er aus dem Menschenmöglichen das Wunderbare geschehen lässt.

Jeder bringt mit, was er hat: Zeit, Freundlichkeit, ein offenes Haus, ein offenes Ohr, Glauben, Freundlichkeit, einen Blumenstrauß, die kleine Hilfe, das Ringen um Klarheit …

Das ist »Fundraising« im allerbesten Sinne: Wir heben die Schätze in den Menschen! Wir entdecken, was da ist an Talent, Potenzial oder Originalität.

Das Teilen ist das Erkennungszeichen der Christen in einer Welt, wo viele Menschen ihr privates Recht am liebsten mit einem Zaun verteidigen möchten – und besorgt fragen, ob sie denn auch vom großen Kuchen des Lebens genug abbekommen, ob ihr Auskommen gesichert ist.

Kein Problem dieser Welt wird gelöst, wenn Menschen die Hände in den Schoß legen und darauf warten, dass Gott sich allein darum kümmert: »Komm, nun schick mal ein Wunder vom Himmel, nun sorg dafür, dass sich hier etwas verändert!«

Leben gelingt immer dann, wenn jeder das einbringt, was er hat.

Wo das passiert, da werden viele Menschen satt mit ihrem Hunger nach Anerkennung, Trost, Zuwendung und Lebe-Lust!

Und wenn du getan hast, was in deinen Möglichkeiten stand, dann wirst du dich wundern, wie viel Gutes daraus wachsen kann, wie viel Segen dadurch fließen wird!

Der Schauspieler Karlheinz Böhm, der damals mit Romy Schneider in den Sissi-Filmen zu sehen war, hat 1976 zum ersten Mal die Armut in Afrika kennengelernt, die Kehrseite der Luxusfassaden, die man den Touristen normalerweise zeigt. Und was er in den Hütten der Einheimischen gesehen hat, das hat ihn so angerührt, dass er beschlossen hat: Wir müssen helfen – und wir können helfen, wenn viele das geben, was ihnen möglich ist.

Am 16. Mai 1981 hat Karlheinz Böhm bei »Wetten dass?« gewettet, dass nicht einmal jeder 3. Fernsehzuschauer eine Mark für die Not in Afrika spenden würde.

Und er hat Recht behalten!

Nicht einmal jeder dritte war bereit, eine Mark zu spenden – was doch eine Kleinigkeit gewesen wäre.

Wie oft sagen wir, dafür sind die da oben zuständig, da können wir sowieso nichts ändern, auf mich kommt es bestimmt nicht an – und sind fein raus.

Bei Jesus lernen wir etwas anderes: Du bist wichtig. Auf dich kommt es an, damit sich in dieser Welt etwas verändert. Du bist wichtig, damit Gott Gutes tun kann. Und was du von dir vorenthältst, das wird dieser Welt an Lebendigkeit, Gelingen und Glanz fehlen.

Lass nicht locker! Es ist viel mehr möglich, als du denkst. Durch dich! Du bist einmalig! So groß denkt Gott von dir!

Und Karlheinz Böhm hat mit seiner Aktion »Menschen für Menschen« inzwischen über 230 Millionen Euro an Spendengeldern zusammengebracht – hat gezeigt: Wenn viele ihren Beitrag leisten, dann kann sich in dieser Welt tatsächlich etwas verändern!

Jesus Christus ist der, der den Hunger nach Leben und nach Ewigkeit stillt, der die Seelenwüsten der Menschen kennt.

Wer sich von ihm Proviant für seinen Tag holt, der hat zwar immer noch die Last des Alltags zu schleppen – aber er ist anders aufgehoben zwischen umfallen und wieder aufstehen, kämpfen und ertragen müssen, angeklagt und freigesprochen werden, genießen und weinen.

Mensch, hier wirst du frei gesprochen, du, mit deinem schlechten Gewissen, immer noch nicht genug zu leisten, immer noch nicht gut genug zu sein.

»Heb doch nicht jedes Mal die Hand, wenn was getan werden muss! Ruf doch nicht ständig ›Hallo, ich steh euch zur Verfügung!‹«, sagt mein Mann. »Du bist nicht für alles zuständig!«

Und wenn du das weißt, dann tu, was in deinen Möglichkeiten steht, und lass die anderen und Gott für das Übrige sorgen.

Mag sein, dass ich nicht die Zeit und die Kraft habe, mich um einen anderen Menschen so zu kümmern, wie es nötig wäre. Aber mal kurz anrufen und sagen: Ich denk an dich. Mal kurz stehen bleiben oder eine Karte schreiben, das könnte ich schaffen – und womöglich ist das schon genug für ein Wunder, das Gott in dieser Welt ausrichten möchte.

»Tu, wo du bist, das, was du kannst, mit dem, was du hast!«
Nicht bei sich selbst bleiben, sondern auf den anderen zugehen, das macht glücklich und lässt uns wissen, wozu wir auf der Welt sind.

Wir haben einen Gott, der seinen Menschen ganz viel schenken und helfen kann, als Segen von ganz hoch oben – und hier unten auch durch uns!

Ich wünsche uns sehr, dass wir diesen schlummernden

Riesen in uns wecken und mutig werden für die vielen kleinen Schritte, die uns möglich sind.

»Tu, wo du bist, das, was du kannst, mit dem, was du hast!«

Wenn das immer mehr Menschen für sich entdecken, dann verändert sich die Welt.

Liebeserklärung an das Alltägliche

Ich stehe in einem Blumenladen in Obernkirchen und warte auf den bestellten Geburtstagsstrauß. Während ich meine Blicke schweifen lasse – Blumenläden im Mai sind ja eine besondere Augenweide – fällt mir ein Plakat mit einem Spruch von Virginia Woolf auf.

Virginia Woolf ist eine britische Schriftstellerin, ein Idol der Frauenbewegung, und die sagt:

Den ganzen Tag Unkraut gejätet und die Beete fertig gemacht, in einer eigenartigen Begeisterung, die mich dazu brachte zu sagen, das ist Glück!

Was steht da? Ich lese es noch einmal!

Das ist Glück?

Zu Hause erzähle ich meinem Mann von dem Spruch. Sein Kommentar: »Klingt gut, aber von dem Glück bist du wohl noch etwas entfernt!«

Ja, das stimmt!

So ganz versöhnt bin ich mit dem Kleinkram des Alltags nicht. Jeden Tag Betten machen, Essen kochen, abwaschen, Oberhemden bügeln, Unkraut jäten, Blumen gießen, Waschbecken und Toiletten putzen, Flaschen in den Container werfen, Müll sortieren, aufräumen, einkaufen, staubsaugen …

Manchmal hat frau den Eindruck, sie würde durch tausend solcher Dinge vom »eigentlichen« Leben abgehalten, von ihrer wahren Bestimmung!

Mal ehrlich: Lebt in uns nicht immer noch der alte

Traum, jemand würde uns mal von den Linsen weglocken und die Prinzessin in uns entdecken?

Kein Wunder, dass wir nur selten das Potenzial entfalten können, das in uns steckt. Wir fahren ja ständig wie mit angezogener Handbremse bei diesem Begleitprogramm.

Die kleinen und größeren Pflichten des Alltags sind ein Fass ohne Boden! Wenn du denkst, du hast es geschafft, dann schaut dich schon die nächste Aufgabe an. Von früh bis spät bist du am Erledigen, bis du selbst erledigt bist!

Was meint Virginia Woolf? Kann ich mitten in den Alltäglichkeiten Glück erfahren?

»Das Ziel ist nicht eine andere Welt, sondern anders da zu sein in der Welt!«, so hat es jemand einmal ausgedrückt.

Wo ich bin und was ich tue, ist vielleicht gar nicht so wichtig, sondern wie ich etwas tue.

Bin ich mit dem Herzen dabei? Kann ich im Kleinen das Große entdecken, das Bügelbrett als Einflugschneise für tolle Ideen, die Familie als Zukunftswerkstatt, den Garten als Refugium?

Das Wesentliche liegt nicht vor mir. Es ist hier und jetzt!

Als ich mit dem Spruch von Virginia Woolf am nächsten Tag zum »unerwünschten Begleitgrün« gegangen bin, war die Arbeit die gleiche, aber ich habe versucht, sie anders zu sehen. Es sind mir einige gute Gedanken zugeflogen. Und am Abend habe ich nicht gleich das Weite gesucht, ich hab mich noch ein bisschen hingesetzt und den Garten genossen wie eine kleine Oase.

Wie war das doch bei der Frau Holle im Märchen? War nicht genau diese Haltung, das Nächstliegende anzupacken, das Geheimnis der Goldmarie?

Die Größe eines Menschen erkennt man daran, wie er mit den kleinen Dingen und mit den kleinen Leuten umgeht, wie er seine Tage und sein Zuhause gestaltet.

Ich möchte das Kleine nicht vernachlässigen, weil ich etwas vermeintlich Großes im Kopf habe. Nur wenn das Kleine gut gestaltet ist, »als wär's ein Bild von mir«, kann ich frei und mit viel Selbstbewusstsein nach vorne stürmen, um das Große anzupacken! Wer im Kleinen treu ist, dem wird das Große anvertraut!

»Den ganzen Tag Unkraut gejätet und die Beete fertig gemacht, in einer eigenartigen Begeisterung, die mich dazu brachte zu sagen, das ist Glück.«

Ich sehe das Alltägliche in Haus und Garten nicht mehr als lästigen Bremsklotz. Nein, die neue Haltung heißt: »Die Prinzessin gestaltet ihr Schloss.« Wie ich mit den so genannten kleinen Dingen umgehe, gehe ich auch mit mir selbst um!

En passant

Ein Komposthaufen gilt als das Herzstück des Gartens.

Für einen Komposthaufen braucht man Regenwürmer – und ich hatte mir sagen lassen, dass die »Tennessee Wigglers«, die sich besonders schnell vermehren, das Beste sind, was wir für unsere Komposthaufen tun können.

Sie wissen: Regenwürmer sind fleißig. Mit nie nachlassendem Eifer stopfen sie Erde und biologische Abfälle in sich hinein und scheiden diese als besonders fruchtbaren Humus wieder aus. Einen besseren Dünger kann sich kein Gärtner wünschen.

Metertief graben sie die Gartenerde um und sorgen so für eine Durchlüftung vom Allerfeinsten. Man kommt aus dem Staunen nicht heraus, wenn man sich erst einmal mit Regenwürmern beschäftigt.

Also, ich brauchte »Tennessee Wigglers« und lernte ganz in der Nähe einen faszinierenden älteren Herrn, einen Naturwissenschaftler und Gartenfreund kennen, der diese Würmer züchtete und mir gerne eine Kiste voll abgeben wollte.

Als ich seinen großen, sehr gepflegten Garten bewunderte, habe ich ihn gefragt, wie er dieses enorme Arbeitspensum schafft, ganz allein, zusätzlich zu seiner wissenschaftlichen Arbeit, zum Haushalt und seinen vielseitigen Interessen.

»Das mache ich *en passant*!«, sagte er. »Immer, wenn ich durch den Garten gehe, erledige ich im Vorübergehen das eine oder andere, das mir auffällt und das getan werden muss. Und mit diesem Arbeitsstil bin ich halbwegs auf dem Laufenden, da lässt sich auch ein großes Pensum bewältigen!«

En passant! – Das wär's!

Jeden Tag – en passant – eine Waschmaschine vollpacken, alles gleich bügeln – und mit einem minimalen Einsatz nie wieder vor abschreckenden, ermüdenden Wäschebergen stehen.

Jeden Tag – en passant – die Post erledigen! Schriftstücke an der richtigen Stelle ablegen. Wegwerfen, was nicht wichtig ist, Rechnungsbeträge sofort anweisen, Termine korrekt in den Kalender eintragen. Ein positiver Nebeneffekt wäre: Der Tisch ist leer und der Kopf ist frei!

Jeden Tag – en passant – tun, was dran ist. Es ist erstaunlich, was wir in kleinen Zeitspannen von 10 bis 15 Minuten alles schaffen können: Schubladen in Ordnung bringen, Blumen düngen, Kleidungsstücke, die wir angehabt haben, gleich wieder wegräumen, Geburtstagskarten schreiben, den Fleck auf dem Teppich beseitigen ... sogar manches Telefongespräch, das wir immer wieder vor uns herschieben!

Wer auf dem Laufenden ist, der fühlt sich gut, hat viel mehr Energie als jemand, der ständig hinterherhinkt!

»Wer große Probleme hat, der hat versäumt, die kleinen in der Vergangenheit zu lösen!«

Darüber kann man lange nachdenken – nicht nur arbeitstechnisch.

Warum nicht gleich, en passant, klären, was zu klären ist, und das Gute tun, das in meinen Möglichkeiten steht? Warum nicht en passant etwas anschieben, auf den Weg bringen, am Beziehungsnetz knüpfen?

Von Seneca, einem römischen Philosophen, stammt der Satz: »Es ist nicht wenig Zeit, die wir haben, es ist zu viel Zeit, die wir nicht nutzen!«

En passant! Ich bin dabei, diesen Lebens- und Arbeitsstil immer mehr zu verinnerlichen, als Schritt zum intensiven Leben. Vielleicht sind Sie an dieser Stelle schon sehr viel weiter!

Manchmal kann man es kaum glauben, mit wie wenig Einsatz ganz viel erreicht werden kann.

Sei du selbst die Veränderung, die du dir wünschst für diese Welt

Mal ehrlich: Wer ist schon zufrieden mit sich und seiner Welt?

Wir möchten etwas verändern!

Den Garten, das Wohnzimmer, die Beziehung zu einem Menschen, unser Outfit, Selbstbewusstsein oder Zeitmanagement.

Vielleicht möchten wir sogar im größeren Rahmen etwas verändern: Da sind manche Dinge, die uns auf die Palme bringen in dieser Gesellschaft! Da sind manche Zustände, mit denen wir uns nicht abfinden wollen!

Und dann kommen die Einwände:

Ja, wenn ich immer so könnte, wie ich möchte, dann wäre alles ganz einfach, aber da ist so vieles, was meine guten Absichten vereitelt, was mich blockiert:

Kinder und Eltern, die mich brauchen, das fehlende Geld, die fehlende Zeit, verpasste Chancen, das, was ich alles schon hinter mir habe und was Spuren hinterlassen hat, das mangelnde Verständnis der anderen, Widerstände von außen, Grenzen, die mir der Körper setzt, ein schnarchender Mann, der mich um die nötige Nachtruhe bringt.

»Solange du verheiratet bist, hast du immer eine Ausrede!«, sagte mir eine Nachbarin. Der Satz ist Klasse!

Stimmt: Wenn mein Mann nicht so ein »Couchpotato« wäre, dann könnten wir regelmäßig Nordic walken – und die Verspannungen im Schulterbereich würden sich auflösen. Aber so?

Was soll ich denn tun?

Und abends mag ich ihn auch nicht allein lassen, wenn er vorm Fernseher sitzt. Da verzichte ich dann gern aufs Lesen oder auf einen Besuch!

Ist ja rührend! Immer schiebe ich den anderen die Schuld in die Schuhe und mache sie verantwortlich für mein Blockiertsein!

Und so habe ich immer eine feine Ausrede, dass ich armes Würstchen ja schließlich nichts verändern kann!

Mahatma Gandhi hat gesagt: »Sei du selbst die Veränderung, die du dir wünschst für diese Welt!«

Warte nicht, bis die Menschen und die Umstände sich verändern – fang du an!

Das ist neu!

Wenn du dich selbst veränderst, veränderst du die Menschen und die Welt um dich herum.

Wie es um deine Beziehungen zu anderen Menschen bestellt ist, das bestimmst du zu 50 % mit.

Du hast Einfluss darauf, welche Atmosphäre um dich herum herrscht.

Ob man vornehm und fair mit dir umgeht – oder dich ständig verletzt und ausnutzt, das entscheidest du mit.

Wenn manche Treffen vor sich hindümpeln – du kannst etwas dazu beitragen, damit Leben in die Bude kommt.

Wenn dir die Welt kalt und herzlos erscheint – du kannst durch dein Verhalten dazu beitragen, sie etwas wohnlicher und freundlicher zu machen.

Fang doch einfach an, etwas zu verändern. Versuch es mal vier Wochen lang mit täglichem Pilates-Training für Bauch, Oberschenkel und Po und dann steht der Gatte womöglich da und sagt: »Schnucki, was siehst du gut aus?«

Und wer weiß, was dadurch in Gang gesetzt wird!

»Sei du selbst die Veränderung, die du dir für diese Welt wünschst!«

Ich kann mein Leben verändern und damit die Weichen stellen für positive Entwicklungen in meinem Umfeld.

Das kann ansteckend sein wie ein Grippe-Virus, ich kann andere mit dem infizieren, was ich für gelingend und sinnvoll halte.

Ich finde mich nicht mehr ab – ich gestalte, wie es für mich richtig und wichtig ist!

Durch mein Einkaufsverhalten kann ich die Weltwirtschaft beeinflussen, was für ein Gedanke.

Ich höre auf, mich ständig nur als Opfer oder Marionette zu fühlen, ich übernehme jetzt die Verantwortung für mein Leben!

Manchmal reicht schon eine neue Brille, regelmäßiges Radfahren, eine andere Wortwahl, ein anderer Tonfall, ein sorgfältig gepflegtes Zuhause oder die Wiederentdeckung des Briefeschreibens.

»Sei du selbst die Veränderung, die du dir wünschst für diese Welt!«

Fang doch einfach an, das, was dir wichtig ist, umzusetzen – und du wirst staunen, welche Kreise das zieht.

Geht nicht, gibt's nicht!

»Das kann ich nicht! – Das schaffe ich sowieso nicht!« – Wie oft sage ich solche Sätze zu mir selbst, und wie oft habe ich sie von anderen (vor allem von Frauen) gehört. Und dann bleiben wir schön im Hintergrund, im sicheren Versteck – und denken: »Wenn ich nichts mache, dann mache ich wenigstens nichts verkehrt, dann werde ich mich nicht blamieren.«

Haben Sie schon einmal Hummeln beobachtet, wie sie durch die Gegend fliegen? Wissen Sie auch, dass Hummeln – nach aerodynamischen Gesetzen beurteilt – überhaupt nicht fliegen können? Mit einer Flügelfläche von 0,7 Quadratzentimetern und einem Gewicht von 1,2 Gramm ist das so gut wie unmöglich! Seltsam, obwohl solch ein Geschöpf nach

Meinung der Experten nicht fliegen kann, fliegt es doch seit Urzeiten.

Wilma Rudolph wurde am 23. Juni 1940 in Tennessee als das 20. von 22 Kindern geboren. Ihre Familie war arm und schwarz. Es war die Zeit, als es in den USA noch eine strikte Rassentrennung gab. In den Bussen saßen die Schwarzen hinten in der Schmuddelecke. Wilma war ein Frühchen, wog 4,5 Pfund. Sie war ständig krank. Mit vier Jahren kam es besonders schlimm: Die Diagnose hieß Kinderlähmung! Ihr rechtes Bein und ihr linker Fuß waren gelähmt. Wenn sie Glück hatte, würde die Krankheit nicht gar so schnell voranschreiten, dann würde sie sich zumindest humpelnd durch die Welt bewegen können.

Wilmas Mutter ließ nichts unversucht. Sie fuhr jede Woche zweimal mit ihrer Tochter zum nächsten schwarzen Arzt (weiße Ärzte behandelten damals keine schwarzen Mädchen). 90 km zweimal in der Woche. Der Arzt zeigte Wilma Übungen für zu Haus und tat das Menschenmögliche. Nach acht Jahren mit eiserner Disziplin brauchte Wilma keine Krücken und keine orthopädischen Schuhe mehr. Es glich einem Wunder: Sie konnte ohne Hilfsmittel laufen.

Und, man mag es kaum glauben, sie hatte einen Herzenswunsch: Sie wollte Läuferin werden!

Stellen Sie sich das vor, mit dieser Biografie! Und?

Wilma gelang ein Ding der Unmöglichkeit. Sie stand 1960 bei den Olympischen Spielen von Rom dreimal als Sprinterin ganz oben auf dem Treppchen und ist als »schwarze Gazelle« in die Sportgeschichte eingegangen.

Wenn Sie meinen, dass nichts geht, dass der Einsatz nicht lohnt und alles sowieso keinen Sinn macht, denken Sie an Wilma Rudolph.

Ich weiß, nicht alle Wege entwickeln sich so zum Positiven. Ja, ich weiß es sehr wohl!

Aber, es ist mehr möglich, als wir denken.

Wenn Sie meinen, Sie seien zu unbedeutend oder zu schwach, um in dieser Welt etwas ausrichten zu können, dann möchte ich Sie fragen, ob Sie schon einmal eine Nacht mit einer Mücke im Schlafzimmer verbracht haben. Wenn ja, dann werden Sie wissen, was ein kleines Geschöpf alles ausrichten und anrichten kann – und dadurch das Leben eines großen, klugen Menschen durcheinanderwirbeln kann.

Ich habe mir nie vorstellen können, einmal vor 500 Frauen zu stehen und meinen Mund aufzumachen, sie für eine Stunde lang mit auf eine Gedankenreise zu nehmen. Wissen Sie eigentlich, wie schüchtern und voller Selbstzweifel ich bin? Du stehst da wie nackt, mutterseelenallein, hast keine Technik im Hintergrund und kein Team, das dich auffangen könnte. Was ist da passiert?

Wenn ich an Wilma Rudolph denke, möchte ich Sätzen wie »Das schaffe ich sowieso nicht! Das kann ich nicht! Das bringt nichts!« die Macht über mich nehmen. Wir haben alle einen schlummernden Riesen in uns.

Weck den Riesen in dir auf – wag es. Du kannst viel mehr bewegen und geben und sein, als du meinst. Du bekommst womöglich Hummeln im Hintern!

In der Bibel steht: »Mit meinem Gott kann ich über Mauern springen!«

Also dann, gute Entdeckungen beim »Hummelflug«.

Das Wichtigste zuerst

Ein Professor stand vor seinen Studenten und baute einige Gegenstände vor sich auf. Als die Vorlesung begann, nahm er wortlos einen großen Blumentopf und füllte ihn mit Tennisbällen. Als kein Ball mehr reinpasste, fragte er die Studenten, ob der Topf nun voll sei. »Ja, der Topf ist voll!«

Dann nahm der Professor Kieselsteine und schüttete sie in den Topf. Als er den Topf sachte bewegte, rollten die Kieselsteine in die Leerräume zwischen den Tennisbällen. Erstaunlich, wie viel da noch reinpasste. Er fragte die Studenten ein zweites Mal, ob der Topf voll sei. Sie nickten.

Als Nächstes nahm der Professor eine Dose mit Sand und schüttete diese in den Blumentopf. Der Sand füllte die kleinsten Freiräume, die verblieben waren. Auf die Frage, ob der Topf nun endlich voll sei, kam unisono die Antwort: »Ja, jetzt ist er ganz bestimmt voll!«

Zum krönenden Abschluss holte der Professor zwei Dosen Bier unter dem Tisch hervor und schüttete den ganzen Inhalt in den Topf. Siehe da, das Bier passte auch noch hinein. Es gab schallendes Gelächter.

»Ich möchte, dass Sie diesen Topf als ein Symbol für Ihr Leben betrachten«, sagte der Professor. »Die Tennisbälle sind die wichtigen Dinge in Ihrem Leben: Ihre Familie, Ihre Freunde, Ihr Glaube, Ihre Hoffnung und Ihre Liebe. – Wenn vieles verloren geht, dies aber bleibt, dann ist ihr Leben trotz allem erfüllt!

Die Kieselsteine stehen für Beruf, Ehrenamt, Nachbarschaft – und für den Alltag mit seinen Herausforderungen wie Auto, Steuererklärung, Versicherungen, Altersvorsorge, sozialem Netz und was nicht alles.

Der Sand ist alles andere, die ›Kür‹, Sport, Theater, Kino, Reisen, Hobby …

Falls Sie zuerst den Sand in den Topf geben, ist weder Platz für die Kieselsteine noch für die Tennisbälle. Wenn Sie sich zu sehr von den Nebensächlichkeiten in Beschlag nehmen lassen, werden Sie nie Platz haben für die wirklich wichtigen Dinge!«

Was ist wichtig und wertvoll? Was macht uns stabil und zufrieden? Was weitet unseren Horizont und gibt uns das Gefühl, unsere Zeit sinnvoll zu nutzen? Was füllt unsere Akkus auf und macht uns zu einem Menschen, der anderen etwas geben kann? Was macht uns fit und wach? Was gibt uns ein Glück, das uns niemand nehmen kann? Was bringt Ewigkeit in die Zeit? – Das Wichtigste zuerst, darauf kommt es an!

Man sagt, nie seien Studentenbuden aufgeräumter als kurz vor dem Examen. Alles scheint einem Studenten genehm, um vor dem einen wichtigen Datum, das ansteht, wegzulaufen! Manchmal laufe ich auch vor den »big points« weg, vor dem, was Angst macht, vor Klärungen, vor Aufgaben, die wir ein hoher Berg vor mir liegen, z. B. vor der Fertigstellung dieses Buches. Wie oft bin ich aktiv bis zum Gehtnichtmehr. Ich packe meine Tage voll, viel zu voll – und vernachlässige dabei das Allerwichtigste!

Wie viele Menschen stehen so sehr unter beruflichem Druck, dass sie ihre Familie und ihre Gesundheit zu kurz kommen lassen.

Wie viele Menschen sind so sehr von den Alltagsproblemen gefordert, dass Gott keinen Platz mehr hat in ihrem Leben.

Die Geschichte von dem Professor mit dem Blumentopf stößt eine Menge in mir an.

Ein Student fragte den Professor am Ende der Demonstration, wofür denn das Bier stehe in dem Beispiel. »Ich bin froh, dass Sie danach fragen. Es soll Ihnen zeigen, dass, egal, wie schwierig und voll Ihr Leben auch sein mag, immer noch Platz für ein, zwei Bierchen ist!«

Ich wünsche uns, dass wir die richtigen Prioritäten setzen, »dass uns werde klein das Kleine und das Große groß erscheine«. First things first, das Wichtigste zuerst.

Wir bringen was zum Blühen

Der Künstler Joseph Beuys hatte 1982 zur Documenta 7 eine ausgefallene Idee: Er wollte ein lebendiges Kunstwerk schaffen, in Kassel mit 7000 Bäumen den städtischen Lebensraum begrünen und daran erinnern, dass Mensch und Natur einander brauchen.

Im Laufe mehrerer Jahre pflanzte Beuys mit vielen Helfern 7000 Bäume in der Stadt – und zu jedem Baum stellte er einen Basaltblock auf – einen von dem großen Haufen mit 7000 Basaltblöcken, die er vor dem Fridericianum deponiert hatte, was anfangs auf viel Kritik gestoßen war.

Heute prägen die Bäume des Joseph Beuys das Stadtbild von Kassel! Ein Künstler hat es sich etwas kosten lassen (damals immerhin 4,4 Millionen Mark!), um darauf aufmerksam zu machen, dass der Mensch behutsam mit der Erde umgehen muss. Er hat etwas zum Blühen gebracht!

Johann Wolfgang von Goethe war ein großer Liebhaber von Veilchen. Auf seinen Spaziergängen durch Weimar, so sagt man, trug er immer etwas Veilchensamen in seiner Rocktasche und streute ihn an Stellen aus, von denen er meinte, sie könnten etwas Verschönerung gebrauchen. Auf diese Weise hat Goethe in Weimar etwas zum Blühen gebracht.

»Wir bringen was zum Blühen!« – mit diesem Motto möchten die niedersächsischen Landfrauen ihre Lebensräume gestalten.

Klasse!

Wir helfen mit, dass Dorfgemeinschaften lebendig werden.

Wir fädeln etwas ein, damit Menschen sich begegnen können.

Wir sorgen dafür, dass es in unserer Gesellschaft freundlicher, menschlicher und gerechter zugeht.

Wir pflegen alte Rituale und Traditionen, die sich bewährt haben und die Menschen über Jahrhunderte hinweg lebens-tüchtig gemacht haben.

Wir lassen Menschen in unserer allernächsten Umgebung aufblühen, indem wir das, was sie tun, anerkennen, indem wir aus ihnen herausloben und -kitzeln, was alles in ihnen steckt.

Kennen Sie die Geschichte von dem Menschen, der einen Laden betrat und ganz überrascht war, dass hinter der Ladentheke ein Engel stand? Verwirrt fragte der Mensch: »Was verkaufen Sie denn hier?« – »Alles«, antwortete der Engel. »Oh, prima! – Dann hätte ich gerne gute Freunde, wohl geratene Kinder, viel Zeit für mich selbst, immer genug Geld auf dem Konto und Frieden für unsere Welt …« Der Engel unterbrach den Menschen: »Entschuldigen Sie, Sie haben mich falsch verstanden. Wir verkaufen hier keine Früchte, sondern lediglich den Samen!«

Ja, es gibt keine Fertigprodukte, alles fängt klein an! Es kommt auf unseren Einsatz an, damit etwas um uns herum aufblühen kann – oder vielleicht auch in uns drin!

Wir können gleich heute damit anfangen, den Samen zu legen.

Im Kleinen, mit einer Karte, einem Anruf, einer Idee, mit etwas Freundlichkeit – oder einem Pflanzstock!

Und wenn Sie mal nach Kassel kommen, schauen Sie sich doch einfach mal die Bäume an, die Joseph Beuys seinerzeit neben einer Basaltstele gepflanzt hat.

In jedem von uns steckt ein Verwandlungskünstler.

Ich bin gespannt!

Egal, was kommt: Die Kühe müssen gemolken werden

Diese Weisheit habe ich bei einer lieben Freundin gelernt, die 50 Milchkühe im Stall hat.

Egal, ob sie bis in die Puppen gefeiert hat und am nächsten Morgen gerne liegen bleiben, sich die Decke über den Kopf ziehen möchte …

Egal, ob sie mal ein paar Stunden länger shoppen möchte … die Kühe müssen gemolken werden.

Wenn ein Kind geboren wird und jetzt die Präsenz im Kreißsaal angesagt wäre, wenn ein Mensch stirbt auf dem Hof und die Traurigkeit allen Raum einnimmt: Die Kühe müssen gemolken werden.

Egal, ob runder Geburtstag, Silberhochzeit oder Heiligabend ist, 20 Grad Minus oder Orkan, die Kühe müssen gemolken werden.

Das Leben fordert sein Recht – und nur, wenn ich die

Gesetzmäßigkeiten des Lebens, den großen Schöpfungsplan akzeptiere, werde ich frei.

Wie viele Frauen haben mir erzählt, sie hätten im Moment keine Zeit, sich um sich selbst und ihren Körper zu kümmern. Die Familie, die Pflege der Eltern, das Mitverdienen habe jetzt erst einmal Vorrang, und irgendwann hat der Körper rebelliert, sein Recht gefordert!

Wir haben uns daran gewöhnt, dass alles, was wir wollen, auch möglich ist!

Natürlich können wir zum Weihnachtsfest frische Erdbeeren kaufen.

Natürlich kann ich Spuren das Alters glätten lassen.

Wir haben uns daran gewöhnt, dass wir die Spielregeln festlegen, wenn es darum geht, das Leben zu gestalten!

»Die Freiheit nehm ich mir!«

Ja, das ist schön, dass wir uns nicht immer einengen lassen, von allen reinreden lassen, dass uns viele Türen offen stehen – und doch gilt:

Egal, was kommt, die Kühe müssen gemolken werden!

Es ist schön, wenn ich im Beruf erfolgreich bin, wenn ich etwas bewegen kann in dieser Welt, überall ein gern gesehener Gast bin – aber wenn ich dafür meine Ehe, Familie oder mich selbst vernachlässige, dann könnte es sein, dass irgendwann etwas aus der Balance gerät!

Es gibt einen großen Rhythmus im Leben – den können wir nicht nach Belieben ignorieren, das ist der Rhythmus von geboren werden und sterben, mit viel Power etwas gestalten können und ein anderes Mal hilflos zusehen müssen, wie etwas zerbricht, alles im Griff haben und loslassen müssen, sich beugen vor Gott im Himmel, um dann aufrecht durchs Leben gehen zu können!

Es gibt schöpfungsmäßige Vorgaben, an denen selbst unsere klügsten Ökonomen und hellsten Naturwissenschaftler nicht vorbeikönnen.

Einfach ausgedrückt:

Egal, was kommt, die Kühe müssen gemolken werden.

Jetzt reicht's – Dornröschen erwacht auch ohne Kuss

Es gibt Tage, da bin ich unzufrieden – nicht im Frieden – mit mir und der Welt.

Die Pflichten nehmen überhand, für die Kür ist kein Platz und Beziehungen haben an Lebendigkeit und Esprit verloren.

Ich funktioniere ganz gut, ich bewege viel, ich halte alles am Laufen, aber manchmal komme ich mir vor wie Dornröschen, so'n bisschen verschlafen, von vielen Hecken am Leben gehindert. Ja, wenn doch mal ein Prinz vorbeikäme …

Ein Prinz kam nicht, aber Freundin Stefanie kam mit einer Geschichte, die sie im Internet gefunden hatte:

Nach vielen Jahren eines langen Schlafes wacht Dornröschen eines Tages auf. Doch niemand ist da, um sie zu erlösen.

So schläft sie wieder ein.

Jahre vergehen und Dornröschen wacht wieder auf. Sie schaut nach links und rechts, nach oben und unten, aber wieder ist niemand da – weder ein Prinz noch ein Gärtner mit Heckenschere.

Und so schläft sie wieder ein. Schließlich wacht sie zum dritten Mal auf.

Sie öffnet ihre schönen Augen, kann aber wiederum niemanden erblicken.

Da sagt sie zu sich selbst: »Jetzt reicht's!«, steht auf – und ist erlöst!

Das wäre eine »Erweckung«, wenn wir nicht mehr warten, dass die Hilfe von außen kommt, sondern selbst das Ruder und die Verantwortung übernehmen.

Wir können aufbrechen aus Situationen, wo unsere Lebendigkeit blockiert ist, wo wir Angst haben, etwas falsch zu machen.

Überlegen Sie mal:

Wo trauen Sie sich nichts zu sagen von Ihrem Kummer, Ihrem Ärger, Ihrer Sehnsucht, weil man Ihnen beigebracht hat, dass man über Gefühle nicht redet?

Wo geben Sie anderen Menschen viel zu viel Macht über sich?

Wo fühlen Sie sich für alle und alles verantwortlich, möchten die Erwartungen der anderen erfüllen?

Wo tun Sie etwas, das Sie eigentlich gar nicht tun möchten – und landen dann im Selbstmitleid?

Das wäre eine »Erweckung«, wenn wir sagen:

Ich kann etwas verändern – auch ohne den Kuss des Prinzen!

Ich kann deutlich sagen, wie ich die Dinge fühle und sehe, wozu ich bereit bin und wozu ich nicht bereit bin, was ich will und was ich nicht will!

Ich kann Grenzen setzen – nicht mehr für alle verfügbar sein!

Dornröschen ist erwacht.

Hör auf, ständig vor dir herzuschieben, was du dir unter einem guten, gelingenden Leben vorstellst!

Wann fängst du an, das zu verändern, was du nicht länger zu tragen und zu ertragen bereit bist?

Komm heraus aus deinem Schneckenhaus, aus deiner Null-Bock-Stimmung, aus deinem »Hätte-ich-doch-Ge-jammer«. Es ist viel mehr möglich, als du denkst!

Erwarte nicht mehr von anderen, was du selbst besorgen musst:

Küss die Prinzessin in dir wach!

Lass deine Talente nicht brachliegen, sag, was du zu sagen hast, lächle dich ab und zu im Spiegel an und erinnere dich daran, dass im 139. Psalm steht: »Ich danke dir, dass ich wunderbar gemacht bin.«

Ich lerne so viele wunderbare Frauen kennen, die viel geleistet und durchgestanden haben.

Und gleichzeitig sehe ich: Es stehen noch viele »Erweckungen« aus.

Die Zeit ist reif!

Binde deinen Karren an einen Stern

Da steht er nun, der Karren! Voll gepackt bis oben hin mit dem, was ein Mensch alles so zu ziehen hat!

Und jeder von uns könnte noch etwas dazulegen ...

Manches haben wir uns selbst aufgepackt:

Wer seine Kreise im Laufe der Jahre voller Begeisterung immer weiter gezogen hat, immer mehr übernommen hat, immer mehr unterbringen wollte, der hat auf einmal nur noch den einen Wunsch, er möchte vereinfachen, möchte das Maß finden, das für ihn stimmig ist – damit er sein Kräftekonto nicht dauernd überzieht, damit er sich wohl fühlen kann in seiner Haut!

Man sagt den Frauen nach, sie seien in besonderer Weise begabt dafür, vieles zur gleichen Zeit bedenken und schultern zu können – »Multitasking« nennt man das – und zeitweise stehen diese tüchtigen Frauen vor ihrem Karren, beladen bis oben hin: überfordert, flügellahm geworden, verspannt, die Lebe-Lust verloren!

Manches wird dem Menschen auch einfach aufgepackt. Er wird nicht gefragt, er kann nichts daran ändern:

Abschied nehmen, nicht mehr so können, wie man möchte, hinfallen, verlieren, enttäuscht sein und was nicht alles.

Der Karren mit dem, was zu einem ganz normalen Leben dazugehört, kann zeitweise sehr schwer sein, wer wüsste das nicht!

Die Karren, die wir zu ziehen haben, die holpern im Straßenstaub, manchmal bleiben sie stecken.

Jeder von uns kann seine Geschichten erzählen, jeder hat seine sehr persönlichen Kriegsschauplätze, Phasen, wo der Mumm fehlt, der Antrieb, wo es unendlich mühsam ist!

Und dann war da ein Leonardo da Vinci, der gesagt hat: »Binde deinen Karren an einen Stern!«

Bitte was?

Du hast leicht reden, Leonardo! Wenn das so einfach wäre! Sterne strahlen am Firmament, ganz weit weg. Zwischen unserem Karren und den Sternen liegen Welten!

Ja, ich hab Himmelssehnsucht, Sehnsucht nach dem, das größer ist als ich selbst, als das, was ich um mich herum vorfinde – aber ich weiß auch, was Erdenschwere bedeutet, wie sie einen Menschen klein halten kann, wie sie nach unten zieht, müde und mürbe macht.

Ja, ich möchte wissen, dass mein Leben unter einem guten Stern steht – dass der Glanz des Göttlichen in meinen Alltag scheint.

Ich möchte wissen, dass das Hier-Sein, das Mich-Bemühen, das Hoffen sich lohnt, dass ich Zukunft habe, sogar dann, wenn es mal auf das Ende zugeht.

Aber es gibt Tage, da liegt ein Grauschleier über meiner Welt, eine große Lethargie, da ist mir eher nach kapitulieren als nach kämpfen zumute, nach verkriechen, als mutig anzupacken, was anzupacken ist.

Viele Menschen haben gesagt: Wenn ich schon nicht vorbeikomme an manchem, was mir den Boden unter den Füßen wegzieht – dann möchte ich doch wenigstens stark genug sein, um durchzukommen.

Ich möchte meine Traurigkeit und Schwäche an einen Stern binden können, in trüber Stimmung wissen, dass ich trotz allem gut aufgehoben bin!

Und so, wie die freundliche Stimme des Navigationsgerätes einem Autofahrer den Weg weist, auch in düsteren, einsamen Gegenden – so wünschen sich viele, dass ihnen der Weg angesagt wird, damit sie wissen, wo ihr Platz und ihre Aufgabe ist, wohin die Reise geht.

Das wäre etwas, wenn der Gott, der uns in dieses Leben hineingeliebt hat und der uns irgendwann wieder mit offenen Armen in Empfang nehmen wird, wenn dieser Gott uns zielsicher durch unsere Tage und Jahre führen würde.

Und wenn Deutschland einen Superstar sucht, du liebe Zeit!

Ich wünschte mir, wir würden wieder mehr nach dem einen Stern suchen, an dem unser Land der Dichter und Denker sich orientieren kann, an dem wir Maß nehmen können, der uns rausholt aus dem Schwund an Hoffnung und Zukunft ...

Manchmal haben wir den Eindruck, dass dieser Stern fehlt im Lande, der Ängstliche mutig und Gleichgültige verantwortlich macht, der Schweigende zum Reden bringt und aus Geduckten solche macht, die sich etwas zutrauen und die etwas ausstrahlen.

In einer Flut von Informationen brauchen wir wieder Weisheit, statt Lifestyle brauchen wir Lebenskunst, und zwar solche, die auch den Tod nicht ausklammert!

Stellen Sie sich vor, unser müder Glaube würde wieder ganz neu entfacht.

Du bist nicht nur Bürger der Erde, diesseitig, bodenständig – das ist nur dein Zweitwohnsitz.

Deine eigentliche Heimat ist der Himmel, du bist ein Königskind, geliebt, gebraucht, geadelt.

So wie unser Körper den Sauerstoff braucht, braucht unsere Seele dieses Wissen um die Größe und Einmaligkeit, die Gott einem Menschen verleiht!

Den Karren an einen Stern binden, ja, das wäre was.

Gott hat sich aus dem Obergeschoss des Himmels aufgemacht zu uns ins Parterre, in unser Leben, mit allem, was dazugehört.

Er hat sich heruntergebeugt in die Tiefe, damit wir nie mehr alleine sind vor dem Karren, den wir zu ziehen haben.

Wir ziehen jetzt mit einer Kraft, die nicht von dieser Welt ist.

Unser Glaube mag nicht besonders groß sein – aber dieses Bild, das sollten wir uns immer wieder mal vor Augen malen:

Wir ziehen jetzt mit einer Kraft, die nicht von dieser Welt ist.

Und wenn wir uns an den Stern aller Sterne, an Jesus Christus binden, dann werden wir gelockt und geschoben, dann werden wir staunen, wie wir über uns selbst und unsere Möglichkeiten hinauswachsen können.

Dann werden wir aufhören, unser Elend zu meditieren, über den Lauf der Welt zu grübeln, stundenlang auf Scherben zu schauen, auf das, was fehlt, wir werden in die Puschen kommen und mithelfen, damit das Leben gelingt, damit Menschen ihre Wege leichter gehen können, damit etwas aufflackert von dem, wie Gott sich seine Welt gedacht hat!

Wir entscheiden mit, wie es hier aussieht auf der Erde!

Wir sind hoch wichtig, um mitzuwirken an der Kostbarkeit namens Leben.

Wer sich an die Kraft und Weisheit des Himmels bindet, der hat das Zeug, andere froh zu machen, dunkle Wolken wegzuschieben, die den Blick nach vorn verstellen.

Den Karren an einen Stern binden – das kann nicht heißen, es sich auf dem Sofa gemütlich zu machen, sich ins Private, Beschauliche zurückzuziehen und auf ein Wunder vom Himmel zu warten.

Den Karren an einen Stern binden, das wird immer auch heißen, sich auf den Weg zu machen.

Nicht das Alleinsein beklagen, sondern auf Menschen zugehen.

Nicht über die Dunkelheit schimpfen, sondern ein Licht anzünden.

Nicht warten, dass die Umstände sich ändern, sondern beherzt anpacken, was in meinen Möglichkeiten steht.

Ich binde meinen Karren an einen Stern und erwarte, manchmal sogar mit Dreistigkeit, dass ich für jeden Tag so viel Kraft bekomme, wie nötig ist für das, was er fordert. Es gibt eine Kraft und Weisheit vom Himmel, die uns hier unten verändert.

Waterloo

Auf der Fahrt von Lemgo nach Rinteln komme ich durch Waterloo! Waterloo im Lippischen! Ich stutze. – Waterloo!

Am 18. Juni 1815 ist Napoleon in der belgischen Stadt südlich von Brüssel vernichtend geschlagen worden. Von den Briten unter Wellington und von den Preußen unter Blücher und Gneisenau. Napoleon ist nach Paris geflüchtet und hat kurz danach abgedankt.

Waterloo ist seitdem ein Synonym dafür, wenn ein Mensch eine bittere Niederlage einstecken muss. Der Fußballspieler, der den entscheidenden Elfmeter verschossen hat. Die Frau, die ihren Mann an eine andere verloren hat. Der Mann, der völlig überraschend von seiner Kündigung erfährt – oder eine Diagnose erhält, die sein gesamtes Lebenskonzept über den Haufen wirft. – Ja, es gibt sehr persönliche Waterloo-Erfahrungen!

Als ich durch Waterloo fahre, bewegt mich ein Nachmittag bei den Landfrauen, wo ich mich vergeblich bemüht hatte, die richtigen Worte zu finden, wo das, was ich sagen wollte, nicht rübergekommen ist. Das gibt es: Du ruhst nicht in dir selbst. Die Worte fließen nicht. Du kommst dir wir ein Stümper vor, wirst immer unsicherer. – Du bist weit unter deinen Möglichkeiten geblieben, hast enttäuscht, hast versagt, möchtest dich am liebsten im Mauseloch verkriechen und alles hinschmeißen. Waterloo!

Ein amerikanisches Sprichwort sagt: »Wen die Götter zerstören wollen, dem schicken sie dreißig Jahre lang Erfolg!«

Kann es sein, dass Waterloo-Erfahrungen wichtig sind, dass uns gerade die Momente, wo wir an Grenzen stoßen, wo wir Niederlagen einstecken und uns blamiert haben, so etwas sind wie Wachstumshormone für die Seele? – Ich glaube, im Scheitern werden wir echt, werden wir nüchtern, ein Mensch mit Tiefgang. Ja, du brauchst solche Erfahrungen, wo dir die Schminke zerläuft, wo dir die

Worte fehlen, wo du gedemütigt wirst, wo du von dem Sockel fällst, auf den andere dich gestellt hatten. Du brauchst deine Waterloos, wo du kapitulieren musst vor etwas, was größer ist als du selbst.

Napoleon hat es erlebt.

Jedes Mitglied unserer Familie hat es schon erlebt. In jedem Haus meiner Nachbarschaft gibt es Waterloo-Zeiten!

Sogar Guiseppe Verdi, der bedeutendste italienische Komponist, kennt das: Als La Traviata bei der Premiere in Venedig gnadenlos durchgefallen ist, als das Publikum gebuht, mit Tomaten geworfen und den Saal verlassen hat.

Was mir ein Lächeln ins Gesicht gezaubert hat, was wie ein Sonnenstrahl in meine Seele gefallen ist: In Waterloo im Kalletal gibt es ein gleichnamiges Landgasthaus. Das ist bekannt für seine gute Küche, bietet in einem Shop Spezialitäten der Region an. Und vorm Landgasthaus lese ich auf der Speisekarte ›Strammer Lachs‹ – ein Mehrkornbrot mit Lachs und Spiegelei! Wenn ich das nächste Mal durch Waterloo fahre, werde ich einkehren.

Niederlagen gehören zum Leben dazu, wir sollten uns mit ihnen versöhnen, dann werden sie zu einer Schubkraft und bringen uns voran!

PS:
Auch Jesus hat sein »Waterloo« erlebt – und ist drei Tage später als strahlender Sieger daraus hervorgegangen.

Den Seinen gibt's der Herr im Schlaf

In der Apotheker-Umschau, von scharfen Zungen die »Bravo der älteren Generation« genannt, steht in der Oktoberausgabe 2005, dass Paul McCartney den Ohrwurm »Yesterday« zum ersten Mal im Schlaf gesummt haben soll, er hat das Lied »geträumt«!

Ist das nicht toll?

Unser Jüngster komponiert auch. Hoffentlich träumt er auch mal so einen Hit, einer reicht!

Vom Schriftsteller Graham Greene ist bekannt, dass ihm in der Nacht wiederholt gute Formulierungen zugeflogen sind. Frank Elstner hatte die Idee zu »Wetten dass...?« auch im Schlaf.

Ich habe es selbst einige Male erlebt, dass ich in der Nacht wach werde – und dann ist da genau der Gedanke, nach dem ich tagsüber vergeblich gesucht hatte. Da ist die Idee, die Inspiration, die Lösung, die man nicht erarbeiten und nicht auf dem Kugelschreiber knabbernd herbeizaubern kann.

Wissenschaftler sprechen von »Alphawellen«. Das sind elektrische Ladungen im Gehirn, die in Zuständen der Entspannung auftreten. Wenn wir alle starke Konzentration vermeiden, ganz entspannt sind, die Augen schließen und entsprechende Musik hören, dann fliegt uns in ungeahnter Weise etwas zu an Erkenntnissen und tiefen Einsichten!

Kennen Sie das auch, dass Ihnen die besten Einfälle manchmal beim Bügeln oder beim Abwasch kommen, bei der Gartenarbeit oder wenn Sie im Wald spazieren gehen?

Gerade dann, wenn wir nichts zwingen wollen, wenn wir nicht unter Strom stehen, dann fliegt ein frischer Wind in unser Denken und Erahnen, dann werden wir von der Muse geküsst – oder wer es anders ausdrücken möchte: Dann strömt etwas vom Geist Gottes in unseren Geist und in unser Herz!

Ich möchte den Schrebergarten meiner Gedanken nicht mit dem Welthorizont verwechseln. Deshalb möchte ich dem, was mir von ganz weither zufliegen will, einen Landeplatz bieten.

Es muss ja nicht gleich ein Hit wie »Yesterday« werden – aber uns allen kann viel mehr zufließen, als wir denken.

Es gibt Dinge, die können wir nicht erarbeiten oder ergrübeln, die werden uns geschenkt. Sie kommen von dem

Gott, bei dem alle Kreativität, alle Kraft und aller Trost, alle Liebe und Wahrheit ihren Ursprung hat.

Die Alten sangen: *Veni creator spiritus. Komm, Gott Schöpfer, Heiliger Geist!*

Ich mache jetzt Karriere

»Zwei Drittel der Deutschen möchten Karriere machen, aus sich und ihrem Leben das Bestmögliche herausholen, zeigen, was alles in ihnen steckt, Zeit optimieren.«

Ob das wirklich stimmt, was ich in einem Magazin gelesen habe?

Wir sollten nicht alles glauben, was wir lesen! Ich bin sehr vorsichtig geworden im Umgang mit den Medien.

Was ist eigentlich »Karriere«? In letzter Zeit habe ich mich das oft gefragt, gerade jetzt, wo unsere Kinder in das Berufsleben eingestiegen sind.

Frauen und Männer geben sich Mühe, beweisen, dass sie etwas können, arbeiten am Kräfte-Limit. Sie steigen auf, sie werden gelobt – und als Auszeichnung wird ihnen immer noch mehr aufgepackt. Weil sie immer wichtiger und schließlich unersetzlich werden, dürfen sie Überstunden machen, immer mehr Aufgaben übernehmen, immer mehr Verantwortung tragen.

85 % der erfolgreichen Manager (und nicht nur die!) spüren etwas von den Folgen dieses permanenten Leistungsdrucks: Sie können nicht mehr ruhig schlafen, haben Kopfschmerzen und Magenprobleme, fühlen sich ausgebrannt.

Karriere?

Kinder oder Karriere, das fragen sich heute viele junge, begabte Frauen mit einer Top-Ausbildung.

Warum »oder«? – Eine Frau hat genug Potenzial für beides!

Aber manchmal denke ich so ganz für mich – nach den Jahren mit vier Kindern im Haus: Ist das nicht auch eine wunderbare »Karriere«, Kinder ins Leben hineinzulieben, ihnen die Welt zu deuten, sie stark zu machen, sie auszurüsten mit Mutmachstoff und großen Portionen an Hoffnung und Humor?

Karriere kommt unter anderem aus dem Lateinischen, von »carrus«.

»Carrus« heißt Karren. Dann könnte Karriere bedeuten: den Karren ziehen, das Leben bewältigen mit allem, was dazu gehört. Zusehen, wie du etwas Gescheites machst aus deinem Fuder an Zeit und Möglichkeiten. Zusehen, wie du den Menschen um dich herum die Zeit gibst, die sie brauchen. Feiern und Freundschaft pflanzen, Kranksein und Sterben, Säen und geduldig auf den Segen warten, das gehört alles dazu.

Bei einem Frauenfrühstück in Söhlde habe ich einen Spruch mit auf den Weg bekommen: »Du bist etwas Besonderes, das wollte ich dir schon immer einmal sagen. Als Gott dich schuf, legte er liebevoll ein Stück von sich selbst in dich hinein. Er wollte, dass du einmalig bist!«

Karriere heißt dann für mich: Ich kann das, was in mir steckt an Reichtum und Chancen, ausleben. Es muss keinen »Begabungsstau« in mir geben, ich kann entfalten, was ich erahne vom gelingenden Leben, egal wie, egal wo.

Vielleicht im Großen! Ja! Es gibt genug Biografien, die belegen, was Frauen alles leisten können, was sie alles drauf haben!

Aber sogar Hausarbeit ist nichts Stupides mehr, sie steht unter der Überschrift: »Die Prinzessin gestaltet ihr Schloss!«

Ich habe Zeit, für Kranke da zu sein, mal einen anzurufen, der ein gutes Wort gebrauchen kann. Ich kann mit dem Füllfederhalter Briefe schreiben und im Garten Erdbeeren ernten. Ich kann die, die mir im Leben wichtig waren, zum Grab begleiten. Zwischen Tun und Lassen werde ich das Maß finden, das für mich stimmig ist, und eine feine Antenne für das entwickeln, was jetzt dran ist.

Es hat mich tief berührt, dass ein Politiker wie Franz

Müntefering aus einem der höchsten Staatsämter geschieden ist, um für seine kranke Frau da zu sein! – Manchmal steht die Frage im Raum, was einem wie viel wert ist! – Das hat viele von uns sehr nachdenklich gemacht.

»Carrus« heißt Karren. Leonardo da Vinci hat gesagt: »Binde deinen Karren an einen Stern!« Das ist wahrscheinlich die größte Karriere, wenn es uns gelingt, den Karren, den wir zu ziehen haben, und der manchmal ganz schön schwer ist, an einen Stern zu binden, wenn wir wissen: Gott hilft mir, meinen Karren zu ziehen.

Das ist doch ein großer Gedanke: Wir sind Karrierefrauen – so oder so!

Standbein und Spielbein

Unsere Fußballerinnen sind Weltmeisterinnen!

Was waren das für packende Spiele.

Fußballerinnen brauchen ein Standbein und ein Spielbein, um erfolgreich zu sein. Wer wie angewurzelt stehen bleibt, kann keine Tore schießen. Wer mit beiden Beinen abhebt, wird auf die Nase fallen (außer bei den »zauberhaften« Momenten von Fallrückzieher und Kopfball). Nur wer fest steht, kann auch kraftvoll und überlegt schießen.

Das ist wie im wirklichen Leben. Wir brauchen ein Standbein und ein Spielbein. Und beide sollten möglichst gut harmonieren. Nur wer fest steht, ist stark genug, um den Herausforderungen des Alltags zu begegnen, um Fantasie fürs Leben zu entwickeln. Nur wer fest steht, kann in aller Freiheit anpacken, was anzupacken ist. Nur, wer fest steht, kann wirkungsvoll agieren, ohne bei jeder Gelegenheit gleich umzufallen. Und besonders begabt zur Freundschaft sind die, die eine gewisse innere Stabilität besitzen.

Eine Balance finden zwischen Standbein und Spielbein. Zwischen Geben und Nehmen, sich beschenken lassen und schenken, zwischen Ich und Wir, Tun und Lassen.

Nicht abheben, aber auch nicht ängstlich oder bescheiden in Deckung gehen.

Sich weder über- noch unterschätzen.

Ich möchte die alten Standbein-Kräfte, die Basics für gelingendes Leben, wiederentdecken:

Familie, Freundschaft, Gebet, die Seele mit Vollwertkost ernähren statt mit Fastfood ... Und dann kann ich mit dem Spielbein loslegen, kann etwas wagen in Sachen Liebe und Zivilcourage, bin taff genug, um da zu blühen, wo Gott mich hingesät hat, kann das Gute aus den Menschen und Tagen herauskitzeln, kann einigermaßen tragen, was mir aufgepackt ist.

Wenn das Standbein gut trainiert ist, wenn wir also wissen, was trägt, worauf es ankommt, aus welchen Quellen wir schöpfen können, dann werden wir uns wundern, welche Möglichkeiten uns zuwachsen, zu welchem Einsatz unser Spielbein in der Lage ist.

Gib dich nicht so schnell mit dem Kleinen zufrieden. Gott hat Großes mit dir vor. Lass nicht zu, dass einer dich hindert, du selbst zu sein. Lebe authentisch als der von Gott geliebte, begnadete und getragene Mensch.

Wenn die Schuhe passen, vergisst man die Füße

Zum festlichen Anlass brauche in einen edlen Schuh. »Anlass-Mode«, was für ein herrliches Wort! Neben den Marken, von denen ich weiß, dass sie bequem sind, steht da auf einmal ein Designer-Modell von Gucci. Probeweise, just for fun, versuche ich in dieses Super-Teil hineinzuschlüpfen, habe aber keine echte Chance.

»Kein Wunder«, kommentiert die Fachverkäuferin, »sie haben sich mit ihren ›Gesundheitslatschen‹«, womit sie meine bequemen Birkenstocksandalen meint, »die Füße kaputt gemacht.« – Was habe ich? Ich kann wunderbar laufen, habe keine Druckstellen, keine Ballen, keine Schmerzen. Was heißt hier »die Füße kaputt gemacht«? – »Einfach zu breit getreten«, ergänzt die Verkäuferin, »zu breit für etwas Edles!«

Das ist ja ein Ding. Sollen wir unsere Füße drangsalieren, um der Mode zu entsprechen? – Es gibt Amerikanerinnen, die sich Botox als Schmerzmittel in die Füße spritzen lassen, um besser in ihren sexy High Heels trippeln zu können! Und andere lassen sich die Füße im Namen der Schönheit operieren, um in italienische Pumps von Prada, Cavalli und Armani zu passen. Vielleicht haben sie als Vorbild die Mädchen im alten China vor Augen, die ihre Füße bandagierten, damit sie klein und zierlich blieben.

Mal ganz ehrlich: Sind wir noch ganz klar im Kopf, dass wir unter dem Diktat der Mode unsere Füße verbiegen und malträtieren? Ich finde, wir sollten die Schuhe tragen, die zu unseren Füßen passen!

Es ist wie im wirklichen Leben: Wem ständig der Schuh drückt, dem wird jeder Schritt zur Qual, der kann nicht fröhlich unterwegs sein, der läuft sich wund. Wer aber in Schuhen läuft, die ein paar Nummern zu groß sind für ihn, der kommt schnell ins Stolpern.

Wenn die Schuhe passen, vergessen wir die Füße. Die fühlen sich dann wohl.

Es ist ein spannender Gedanke, nicht nur im Schuhgeschäft: Was passt zu mir? Was ist für mich stimmig? Wo bin ich beengt? Und wo muss ich vielleicht in manches erst noch hineinwachsen, was momentan ein paar Nummern zu groß für mich ist? Manchmal brauchen wir Geduld, um reinzuwachsen in bestimmte Aufgaben, in eine Weisheit, in eine Beziehung.

Stressfreie Zonen

Stress entsteht, wenn ich zu viele Töpfe am Kochen habe! – Ich kann an diesem wunderschönen Herbsttag nicht in aller

Seelenruhe das Laub zusammenharken und die Sonne genießen, weil mich das unangenehme Gefühl beschleicht, auf mindestens vier anderen »Baustellen« auch noch gebraucht zu werden. »Du musst noch dies, du musst noch das …«, lässt mich halbherzig arbeiten, raubt mir die innere Ruhe, setzt mich unter Strom, ist Energie- und Lustkiller zugleich!

Stress entsteht, wenn ich die Latte mit den Erwartungen an mich selbst zu hoch lege. Das sind ja nicht immer nur die anderen, die mir im Nacken sitzen, manchmal sitze ich mir selbst im Nacken und wundere mich dann über manche Verspannung daselbst, weil ich ein ganz bestimmtes Bild von mir habe, das ich nach außen präsentieren möchte – und es kostet unheimlich viel Kraft, diesem Bild zu entsprechen! – Nie bin ich zufrieden mit dem, wie ich bin! Dabei gilt: Du kannst nicht alle Erwartungen erfüllen, auf allen Hochzeiten tanzen, immer auf der Überholspur unterwegs sein, dich selbst mit deinen Grenzen und Bedürfnissen permanent vernachlässigen.

Ich habe gelesen, dass der Stress uns Deutsche im Jahr rund 30 Milliarden Euro kostet. Magenprobleme, Bluthochdruck, Depressionen, Verdauungsprobleme, Herzrasen, Infarkte, Atemnot, ein geschwächtes Immunsystem, all das kann Folge von Stress sein.

Sollen wir jetzt alle ent-schleunigen, ein, zwei Gänge herunterschalten, uns schonen? Gibt es nicht auch den gesunden Stress, der uns in die Puschen kommen und den Adrenalinspiegel ansteigen lässt, der Energien freisetzt, uns zu guten Ergebnissen lockt? Gibt es nicht jenen positiven Stress, der uns panikartig auf die Bremse treten lässt, wenn wir ein Blitzgerät am Straßenrand erblicken, so, wie er unsere Vorfahren in der Urzeit angetrieben hat, sich vor Säbelzahntigern in Sicherheit zu bringen? Und wenn ich weiß, dass in zwei Stunden ein Überraschungsbesuch vor der Tür steht, dann wachsen mir Flügel. Positiver Stress! Mensch, ich kann zeitweise über mich selbst hinauswachsen!

Ich kenne Menschen, die arbeiten in der Woche 60 Stunden und mehr – und haben Freude daran, sind glücklich, erfolgreich, ausgeglichen und finden trotz dieses enormen Pensums genug Zeit für sich selbst und die, die ihnen wichtig sind. Und es gibt die, die alle Zeit der Welt haben und trotzdem »gestresst« sind!

»Wir haben Stress zu Hause!« – Der Satz spricht Bände. Beziehungen können stressen.

Wenn wir Ärger mit Kunden, Kollegen und Nachbarn haben, wenn uns andere permanent Vorwürfe machen, hinter unserem Rücken anders über uns reden als mit uns direkt, wenn wir von zu vielen Miesmachern umgeben sind, wenn wir zu viele Bereiche im nächsten Umfeld haben, wo's nicht läuft, wo wir unzufrieden, verunsichert und traurig sind, das alles kann »stressen«!

Da gibt es diese vielen kleinen Nagetiere um uns herum und in uns drin, die knabbern an unseren Nerven, rauben uns die innere Ruhe und alle vitalen Kräfte.

Wie schaffen wir stressfreie Zonen? Ich möchte das Maß finden, das zu mir passt! Ganz da sein, wo ich bin! Ich möchte akzeptieren, dass ich Grenzen und Fehler habe – macht doch nichts! Ich möchte meine Gefühle nicht unterdrücken, denn alles, was wir verstecken, kostet Kraft. Und C. G. Jung sagt: »Aus einer nicht beachteten Katze wird ein Tiger, verlass dich drauf!«

Ich möchte nicht auf das sehen, was fehlt, sondern auf das viele, das ich habe. Ich möchte mich mit Menschen umgeben, die mir guttun, die etwas von der Größe des Lebens wissen.

Und ich möchte Gott fragen: »Wo ist der Ort, an dem du mich haben willst? Wo ist der Job, für den du mich heute vorgesehen hast? Kann ich sicher sein, dass du mir zu jeder Aufgabe, die du mir zutraust, auch die nötige Kraft und deinen Segen gibst? – Ich möchte so gerne das Beste aus der Zeit machen, die du mir geschenkt hast!«

Wer mit Gott, der Welt und sich selbst im Reinen ist, seien Sie sicher, der lebt in einer stressfreien Zone.

Zukunftsklausur

»Die niedersächsische Landesregierung hat sich für vier Tage zu einer Zukunftsklausur ins Kloster Loccum zurückgezogen.«

Seltsam, die Nachricht lässt mich nicht mehr los, seitdem ich sie in der Tageszeitung entdeckt habe.

Vier Tage lang verlassen die Politikerinnen und Politiker ihre Tagesgeschäfte, die dringlichen Fragen, die prall gefüllten Terminkalender, um in einem geschützten Raum, da, wo die Weite, Größe und Tiefe des Lebens zu spüren ist, über langfristige Ziele, über Lebens-Werte und über die Nachhaltigkeit ihrer Entscheidungen nachzudenken.

Wer sich Zeit zum Nachdenken nimmt, zum Perspektivwechsel, wer nach den Prioritäten fragt und nach der Quelle des Lebens, wer sich ab und zu eine Auszeit gönnt, der verliert keine Zeit, womöglich gewinnt er sie in einer völlig neuen Qualität.

Es soll nachgedacht werden über die Zukunft des Landes Niedersachsen, wie man Arbeitsplätze sichern und schaffen kann, wie das Bildungssystem verbessert werden kann, damit unsere Kinder zukunftsfähig werden. Man hat dazu Experten eingeladen: Jürgen Kluge von der Unternehmensberatung McKinsey, Pädagogikprofessor Wassilio Fithenakis, den früheren Landesbischof D. Horst Hirschler.

Wahrscheinlich brauchen wir alle hin und wieder solche Brachzeiten, Zukunftsklausuren, damit wir nicht aus den Augen verlieren, was das Wesentliche ist im Leben, was Mitte und Ziel ist, was Kraft und Mut gibt.

Wir brauchen Zukunftsklausuren für uns ganz persönlich, aber auch für unsere Familien, Freundeskreise, Kirchengemeinden, Landfrauenvereine und Dorfgemeinschaften, damit wir wieder neu sehen – und vielleicht träumen, wo wir hin möchten. Wir brauchen hin und wieder einen wohltuenden Abstand vom Funktionieren zu dem, was gerade unter den Nägeln brennt, damit wir nicht nur durch die Tage hetzen, Getriebene sind, sondern wirklich gestalten können.

In einem Witz heißt es: »Steigt jemand in ein Taxi. Der Taxifahrer fragt: Wo soll es denn hingehen? – Darauf die Antwort: Das ist völlig egal, ich werde überall gebraucht!«

So komme ich mir manchmal vor!

Die niedersächsische Landesregierung hat mit ihrer Zukunftsklausur einiges in mir in Bewegung gebracht. Ja, ich möchte in meinem vollen Leben Zeiten einplanen, wo ich mich erinnere an meine Würde, an die Einzigartigkeit des Lebens, an den weiten Horizont – damit ich nicht aufgefressen werde vom »Tagesgeschäft«, von den Schleifspuren des Schicksals oder den Erwartungen der Menschen.

Vielleicht ist es die stille halbe Stunde am Frühstückstisch, wo ich etwas Gutes lese. Vielleicht ist es das Gespräch mit einem lieben Menschen – oder ein Tag, der mal nicht verplant ist.

Was ist Ihr »Kloster Loccum«?

Befreiungen

Seit einem halben Jahr habe ich ein stets aufgeräumtes Portemonnaie. – Ich hatte eine Dame getroffen, die Vorträge über »Feng shui und das Gerümpel des Alltags« hält.

Sie sagte: »Es beginnt im Kleinen, im Portemonnaie, wenn man Ordnung in sein Leben bringen will! Danach kommt die Handtasche, und dann das Auto.«

Es stimmt, wir fühlen uns aufgeräumt, wenn wir aufgeräumte Schubladen, Keller, Aktenordner und Telefonregister haben.

Einmal durchs Haus gehen, ent-müllen, ausmisten, klar Schiff machen. Das hat was.

Zuerst nehme ich mir die Küche vor. Der Schrank mit den Lebensmittelvorräten liegt mir besonders am Herzen.

Alles ausräumen, saubermachen, durchforsten und ordnen. Das Regal mit den Gewürzen neu strukturieren, ganz alte Dosen wegwerfen, das Aroma hat sich ja längst verflüchtigt.

Der Kühlschrank, die Gläser, die Töpfe, der Schrank mit den Putzmitteln. Seltsam, warum entsteht Unordnung immer wie von selbst?

Der zweite große Bereich zum Aufräumen sind die Kleiderschränke und Kommoden. Manches passt nicht mehr – weil ich jetzt »mehr Platz für meine inneren Werte brauche« und etwas stabiler geworden bin – manches passt nicht mehr zu mir.

Was ich ein Jahr lang nicht getragen habe, kann ich getrost aus dem Kleiderschrank in die »Zwischenablage« tun! Und was ich dann weitere zwei Jahre nicht getragen habe, kann weg! So sagen es die großen »Aufräumologen«. Bei meinem Mann und den Kindern kann ich leichter entscheiden, von was »wir« uns trennen können. Ein bisschen Abstand tut gut.

Und dann sind da die Schuhschränke. Wenn ich erst einmal auf dem Aufräum-Trip bin, dann kann mich niemand und nichts mehr bremsen.

Ein Bereich, vor dem ich mich sehr gerne drücke, ist der Keller. Die Regale mit den Einmachgläsern und Vorräten. Das Regal mit Wein, Sekt und irgendwelchen Flaschen, die wir mal geschenkt bekommen haben, die aber keiner mag. Und dann die Gefriertruhe. Wie lange halten sich Vitamine in eingefrorenen Erdbeeren? Wann ist ein günstiger Tag zum Abtauen? Vielleicht sollte ich endlich mal eine Inventarliste anlegen, damit ich weiß, welche Schätze ganz unten verborgen sind. Wenn ich den Keller sauber habe, bin ich immer ganz stolz auf mich, als hätte ich mein »Unterbewusstsein« aufgeräumt. Grund genug für eine Belohnung.

Ja, und wenn dunkle, ungemütliche Tage sind, dann geht es an den Schreibtisch. Mal alle Schriftstücke zuordnen. Ich hab mir eine Hängeregistratur als Ablage zugelegt (der Tipp ist aus »Simplify your life« von Werner Küstenmacher). Da hab ich Rubriken für Kinder, Auto, Krankenkasse, Arzt, Versicherungen, Belege für die Steuererklärung, Sparkasse, Rechnungen, unerledigte Post, Predigtideen, Landfrauen, was ich so brauche. So gelingt es, den Schreibtisch frei zu halten und alles gleich wieder finden zu können. Denn das Leben ist zu kurz, um es mit Suchen zu verbringen. Und an einem leeren Schreibtisch macht das Arbeiten viel mehr Spaß.

Alte Zeitschriften könnte ich aussortieren, Fotos einkleben, Rezepte abheften oder wegwerfen, auf dem Handy die wichtigsten Nummern eintragen …

Ich erkenne, je länger je mehr, den Zusammenhang zwischen äußerer Ordnung und innerem Wohlbefinden und innerer Freiheit.

Das Chaos raubt uns eine Menge Energie – bis ins Unbewusste! Wer Ordnung hat, besonders auch in finanziellen Dingen, der ist frei, der geht selbstbewusster durch die Welt und schläft ruhiger!

Wie sagte Oma schon: »Hältst Ordnung du, hält Ordnung dich!«

Das gönn ich mir!

Vorsicht, zerbrechlich!
Handle with care!

Vielleicht muss man erst etwas älter werden, vielleicht müssen wir erst manches durchgemacht haben, um das Verletzliche im Menschen wahrzunehmen, um so etwas wie ein weites Herz, eine große Zärtlichkeit allem Leben gegenüber zu entdecken.

Sie war mit gemischten Gefühlen zum Klassentreffen gefahren. Auf der einen Seite freute sie sich auf das Wiedersehen mit den alten Schulfreunden ... 30 Jahre lang hatten sie sich nicht gesehen ....

Auf der anderen Seite hatte sie Angst davor, dass womöglich alle von ihrer Karriere, von ihrer glücklichen Familie, von ihrem gelungenen Leben erzählten – und sie stand da mit ihren Brüchen, mit so manchem Waterloo, wo sie Federn gelassen hatte.

Nach dem Essen schauten sie sich die mitgebrachten Fotos an und sie erzählten sich die alten, amüsanten Geschichten.

Und dann legten einige auch prompt los, ihre Erfolgsstorys zum Besten zu geben – was sie alles erreicht und von der Welt gesehen haben, was sie geleistet haben und sich alles leisten können.

Irgendwann am späteren Abend, nach drei, vier Glas Wein, da löste sich die Zunge – da fing einer an, auch von seinen Scherben, von seinem Scheitern zu sprechen.

Und es war, als machte eine große Erleichterung die Runde. Jeder hatte seine eigene Dramatik und seine eigene Traurigkeit. Und auf einmal kamen keine lauten, flotten Sprüche mehr – sie hatten den Mut, ehrlich zu werden.

Sehr behutsam gingen sie miteinander um, da wurde keiner belächelt, da kam keine bissige Bemerkung.

Jeder ahnte: Ach, in dir ist auch so viel zerbrochen –

genau wie bei mir, in dir ist auch so viel Unsicherheit und Angst – lass uns behutsam mit unseren Geheimnissen umgehen, das tut gut!

Es rührt uns an, wenn etwas zerbrechlich ist. Denken Sie an ein schlafendes Baby.

Denken Sie an einen Kranken auf der Intensivstation, an jemand, der ihnen weinend gegenübersitzt.

Denken Sie an alte Menschen, zum Umpusten schwach, langsam im Reden, Denken und Wahrnehmen. Oder denken sie an eine Rose.

Piccola e fragile!

Sie spüren: Hier darfst du nicht grob sein. Bloß nicht! Du musst ganz vorsichtig und ganz zart mit so viel Zerbrechlichkeit umgehen.

Es gehört für mich zu den schönsten Abschnitten aus der Bibel, dass über Jesus Christus gesagt wird:

»Das geknickte Rohr wird er nicht zerbrechen und den glimmenden Docht wird er nicht auslöschen!«

Jesus geht behutsam, zart mit den Menschen um! – Wir sind mit unserer Zerbrechlichkeit gut bei ihm aufgehoben. Hier und jetzt – und später in der Ewigkeit.

Das geknickte Rohr wird er nicht zerbrechen!

Was ist nicht alles geknickt in deinem Leben! Wir könnten uns viele Geschichten erzählen, von dem, was uns gekränkt und klein gemacht hat, was uns die Unbekümmertheit und Begeisterung genommen hat, was es uns schwer macht, aufrecht, stark, hoffnungsvoll und fröhlich durchs Leben zu gehen.

Den glimmenden Docht wird er nicht auslöschen.

Was flackert nicht alles auf kleiner Flamme bei mir! Mein Glaube, mein Selbstvertrauen, meine Energie, meine Fähigkeit, andere zu lieben – oder voller Tatendrang anzupacken, was ich als richtig erkannt habe.

»Das geknickte Rohr wird er nicht zerbrechen und den glimmenden Docht wird er nicht auslöschen!«

So zart geht Jesus mit den Menschen um.

Der Taubstumme, den man mundtot gemacht hatte, der verstummt ist aus Angst, das Falsche zu sagen, der Mensch, der seine Ohren dicht gemacht hatte, weil er die vielen ablehnenden, verletzenden Worte nicht mehr ertragen konnte, den berührt Jesus sehr behutsam.

Und der Mann wagt wieder zu reden, mag wieder hören, er schöpft wieder Vertrauen, mag wieder leben.

Wie viele Menschen, die uns wunderlich erscheinen, sind verbogen worden.

Die Frau, die seit Jahren mit einem gekrümmten Rücken herumläuft, weil das Leben sie krumm gemacht, überfordert, zu sehr belastet hat, die berührt Jesus zärtlich.

Und sie richtet sich auf und entdeckt ganz neu, welche Stärke noch immer in ihr steckt, dass Leben schön sein kann.

Das verändert einen Menschen, wenn man behutsam mit ihm umgeht, wenn man ihm gute Worte sagt, wenn man ihm aufmerksam zuhört, während er seine Geschichten erzählt, wenn man ihn streichelt.

Und wir wissen, dass ein Mensch innerlich versteinern kann, der keine behutsame Zuwendung erlebt.

Wissen Sie, was ich mir, gerade nach den letzten Wochen, wo ich so einiges mitgemacht habe, für unser Miteinander in der Gemeinde wünsche: dass wir die Kultur der Zärtlichkeit, die Jesus uns vorgelebt hat, neu unter uns entdecken.

Wie tut das gut, wenn andere uns wissen lassen: Du bist nicht allein bei dem, was du durchmachst, wir sind bei dir, wir denken an dich, wir beten für dich. Du kannst auf uns bauen.

Wie tut das gut, wenn einer anruft und fragt, wie's denn geht, wenn eine kleine Karte kommt, die signalisiert: Ich hab an dich gedacht!

Das ist die Art und Weise Jesu, mit den Menschen umzugehen. Das macht Kirche aus, dass sie da ist für die Schwachen, für die Angeschlagenen dieser Gesellschaft.

Denken Sie an Einrichtungen für Behinderte, an die

Hospizarbeit, an Krankenhäuser, Schuldnerberatung, Unterkünfte für Obdachlose, Bahnhofsmission und Telefonseelsorge.

Das alles ist entstanden aus dem Geist Jesu, der das geknickte Rohr nicht zerbrochen und den glimmenden Docht nicht ausgelöscht hat.

Wir sollten behutsam miteinander umgehen, denn alle Menschen, denen wir begegnen, kämpfen einen schweren Kampf.

Daran erkennt man Menschen, denen Jesus Christus wichtig geworden ist, dass wir nicht so rau-beinig, gedankenlos und oberflächlich sind, nicht so schnell etwas herausbollern, wenn einer in der Gemeinde gescheitert ist, nicht immer nur so cool sind und uns gegenseitig Theater vorspielen – sondern wenigstens so ein bisschen von der Behutsamkeit Jesu gelernt haben.

Manchmal sagt uns schon der Blick eines Menschen: Ich ahne deine Zerbrechlichkeit, weil ich meine eigene kenne. Ich möchte sie schützen, bei mir bist du gut aufgehoben.

Und auf einmal blühst du auf, bekommst neuen Mut.

Manchmal sagt uns schon der Tonfall eines Menschen: Ich meine es gut mit dir, das Göttliche in mir grüßt das Göttliche in dir. Ich möchte dir helfen, dass dein Leben gelingt, dass du mal wieder die Fensterläden aufreißt und die blühenden Geranien siehst.

Wer selbst verwundet ist, der wird sensibel für die Menschen um ihn herum!

Ist doch schön, dass wir in Dörfern leben, wo einer den anderen kennt – wo einer vom anderen weiß, wo einer, wenn's drauf ankommt, für den anderen da ist.

Lasst uns behutsam miteinander umgehen, wissen, dass jeder von uns Menschen an seiner Seite braucht. Nicht solche, die sich wie ein Elefant im Porzellanladen benehmen, ständig kritisieren und moralisieren, einteilen in gut und böse, richtig und falsch, sondern solche, die ein Gespür dafür haben, was weiterhilft und guttut …

Manchmal kommt es auf ein Wort an, das ich gesagt oder nicht gesagt habe, manchmal entscheidet ein Anruf, ein Besuch, eine Karte darüber, ob einer wieder Mumm bekommt.

Zart sein, das ist nicht nur etwas für Frauen oder so genannte Warmduscher oder Softies. Das ist nicht ein neuer Kuschelkurs in der Kirche.

Es ist die Weise Jesu Christi, mit der Zerbrechlichkeit des Lebens umzugehen. Das gilt auch in der Nüchternheit der Männerwelt, und hoffentlich entdeckt das auch die Politik und die Wissenschaft.

»Vorsicht zerbrechlich! – Handle with care!«

Dieses Schild gehört nicht nur auf Pakete. Wenn wir genau hinsehen, steht es jedem von uns auf der Stirn geschrieben.

Wunden, die zu Perlen werden

Sogar die Natur zeigt heute Totensonntagsstimmung. Der Gang zum Friedhof lässt noch einmal Abschied nehmen, loslassen und hergeben.

Es gibt Momente, da ist es so, als ob der Tod unter den Schuhen klebt, als ob es keinen Weg gäbe, auf dem die Trauer uns nicht begleitet. Du legst deine Rose ab und erinnerst dich. Ja, er ist vorausgegangen ins Anderland, dahin, wo Mozarts Himmelsmusik und Bachs Gotteslob gespielt wird, wo vollendet wird, was hier noch nicht vollendet war.

Was wir aneinander versäumt haben, das wird verwandelt. Was wir uns nicht sagen konnten – das wird jetzt nachgeholt. Was uns an Lebendigkeit und Liebe fehlte, jetzt wird es dazu getan.

Ich weiß nicht, wie der Himmel aussieht! Man sagt, es wird dort kein Leid mehr sein, kein Krebs, kein Herzstillstand, kein Zukurzkommen, kein vergiftetes Klima zwischen Menschen, keine jungen Menschen ohne Lebensmut.

Es werden alle Tränen abgewischt im Himmel. Ich werde den herzlich umarmen, mit dem ich es hier sehr schwer hatte. Die verhungerten Kinder – die ich hier vor mir sehe mit ihren geschundenen Leibern – die werden dastehen in einer betörenden Schönheit. Die Opfer von Bergen-Belsen und Ausschwitz, die bekommen einen Ehrenplatz in der Nähe Gottes! Und sogar Luther und die Päpste werden einträchtig miteinander plauschen und sich verstehen.

Ich weiß nicht, wie der Himmel aussieht!

Aber ich will nicht sein, ich kann nicht sein ohne die Hoffnung auf Ewigkeit. Ohne die Geschichten, die davon erzählen, dass Liebe stärker ist als der Tod.

Und trotzdem bleiben Wunden! Ja! Und die Wunde, dass alles Leben begrenzt ist, dass ich hergeben muss, was ich liebe, dass alles nur vorübergehend ist, dass wir immer nur auf der Durchreise sind, die tut weh.

Hildegard von Bingen hat gesagt, dass Wunden zu Perlen werden können. Ein Mensch, der geweint hat, sieht die Welt mit anderen Augen. Ein Mensch, der etwas verloren hat, weiß mehr von der Kostbarkeit des Lebens. Ein Mensch, dem man wehgetan hat, der geht behutsamer mit anderen um. Wer wenig Liebe empfangen hat, wird sensibel für alle Menschen, die an einem Defizit an Liebe leiden.

Das wäre etwas, wenn aus meinen Wunden Perlen würden!

Ein Wort möchte ich mitten in die Totensonntagsstimmung stellen: »Wir sind alle Engel mit einem Flügel. Damit wir fliegen können, müssen wir uns umarmen!«

Wenn wir die Hoffnung und die Begeisterung wach halten von dem Himmel, der uns versprochen ist – und wenn wir miteinander und füreinander auf dem Weg sind, dann verliert der Tod etwas von seinem Schrecken! Dann wird auch er zu einer Wunde, aus der eine Perle entstehen kann!

Einfühlungsvermögen

»Manche Begegnungen kommen mir vor wie Treffen von Gehörlosen«, so habe ich es einmal gelesen. Da ist etwas dran. Wie oft reden Menschen aneinander vorbei, benutzen die Rede des anderen, um Luft zu holen, um vorzuformulieren für die eigene.

Und wenn man seine Geschichte erzählt, kommt sinngemäß ein Kommentar wie: »Du, das kenne ich, das hatte ich auch schon mal (natürlich viel schlimmer!).«

Es gibt das schöne Wort »Empathie«. Das ist die Bereitschaft und die Fähigkeit, sich in andere Menschen einzufühlen.

Also genau hinhören, was der andere sagt. Durch Rückfragen Interesse zeigen. Nicht unterbrechen, sondern widerspiegeln, was ich verstanden habe, welche Gefühle und Befindlichkeiten bei mir angekommen sind.

»Aktives Zuhören«, das ist das Wichtigste, was ich gelernt habe, als die Kinder klein waren!

Es ist ein Geschenk, wenn ein Mensch zuhören und sich einfühlen kann, wenn wir uns gut aufgehoben wissen in seiner Nähe!

Das ist selten, dass einer hört, was ich zwischen den Zeilen sage, dass einer sich und seine Geschichte mal für einen Moment in den Hintergrund stellen kann und sich einlässt auf meine Geschichte.

Solche Menschen sind Wohltat und Rarität zugleich.

Ja, ich kenne eine Handvoll, und die schätze ich sehr.

Michael Ende beschreibt uns seine »Momo« im gleichnamigen Buch als ein Mädchen, das wunderbar zuhören konnte. So, dass dummen Leuten sehr gescheite Gedanken kamen, dass Schüchterne sich plötzlich frei und mutig fühlten und dass Unglückliche zuversichtlich und froh wurden.

Stellen Sie sich vor, wir könnten so zuhören wie Momo, dass Menschen in unserer Gegenwart getröstet und mutig werden und den Glanz entdecken, der in ihnen steckt.

Eine hat es erlebt, als sie bei der Telefonseelsorge angerufen hat. Eine hat es in der Kur erlebt durch die Tischnachbarin, die sich so wunderbar einfühlen konnte. Ich hab es auch erlebt, dass man aufblühen kann in der Nähe einer guten Zuhörerin, eines guten Zuhörers.

Ich wünsche mir, dass wir es wenigstens immer wieder versuchen, dem anderen ein sensibler, aufmerksamer Zuhörer zu sein. Das könnte manche Beziehung bereichern und vertiefen. Davon könnte viel Verwandelkraft ausgehen.

Verspannungen – wenn der Körper von der Seele spricht

Seit Wochen ist da diese Verspannung im Nacken, die ausstrahlt in den Kopf und in die Augen.

Ein Schmerz, der mir jegliche Leichtigkeit nimmt. Ich kann mich nicht konzentrieren. Ich mag nicht denken. Ich gehe dumpf durch den Tag und komme mir vor wie ein Acht-Zylinder, der auf zwei Pötten läuft, wie die Männer das ausdrücken.

Der Orthopäde macht ein Röntgenbild und sagt, es sei alles total unauffällig. O. B. – ohne Befund!

»Ja, das haben viele, die am Computer arbeiten, die kopflastig sind, die sich nicht bewegen. Schwimmen und Massagen können Sie vergessen, das Einzige, was ich Ihnen empfehlen kann, ist ein Seidentuch, damit der Nackenbereich immer schön warm bleibt, vor allem im Cabrio!«

So viel Arroganz und Blödsinn habe ich selten gehört. – Warum hab ich mal wieder nichts gesagt?

Ein Arzt mit erschreckend wenig Einfühlungsvermögen. Das waren noch Zeiten, als in den »Sprechzimmern« der Ärzte wirklich gesprochen wurde. Da wurde nach den Lebensgeschichten gefragt und der Arzt konnte aus einem

Gesamtbild Zusammenhänge erkennen, nicht nur Symptome behandeln, sondern nach den Ursachen forschen.

Die Physiotherapeutin, die ich danach besuchte, war eine Wohltat. Sie hat eine Stunde lang die verspannten Stellen gelockert und sich viel Zeit genommen für ein Gespräch.

Paracelsus hat gesagt: »Die beste Arznei für den Menschen ist der Mensch. Der höchste Grad von Arznei ist die Liebe!«

Ja, das hat gutgetan!

Und wie geht es weiter? Mit Muskelaufbautraining, Nordic Walking, Wärmekissen oder einer Pellkartoffelauflage?

Oder muss ich mal in mich hineinhorchen?

Liegt zu viel auf meinen Schultern? Habe ich den Kopf zu voll? Sitzt mir womöglich die Angst vor irgendetwas im Nacken? Was setzt mich unter Druck?

Was ist da los im Kreislauf von angespannt – überspannt – abgespannt – verspannt?

Nein, nicht so schnell die Schmerztablette nehmen, das ist, als wollte man einen Brand dadurch aus der Welt schaffen, dass man die Sirene abstellt.

Die Verspannungen im Nacken zeigen mir, dass der Körper manchmal von der Seele spricht.

Wenn es dir guttut, dann komm

Nach dem Krieg hatten wir für längere Zeit eine Familie aus Gelsenkirchen bei uns im Haus. Die Hellwigs waren evakuiert und brauchten vorübergehend eine Bleibe.

Das gehört mit zum Kostbarsten, was ich aus meiner Kindheit erinnere, dass aus dieser gemeinsamen Zeit, die alles andere als freiwillig war und manche Mühe und Einschränkung bedeutet hat, eine lebenslange Freundschaft gewachsen ist.

Ein offenes Haus haben, ein offenes Herz haben, was ist das für ein Geschenk.

Romano Guardini sagt: »Das ist der Gastfreundschaft tiefster Sinn, dass einer dem anderen Rast gebe auf dem Weg zum ewigen Zuhause.«

Ich habe mich immer gefreut, wenn unsere Kinder ihre Freunde und Freundinnen mitgebracht haben. Und irgendwann lagen die auf dem Sofa und holten sich etwas aus dem Kühlschrank, wenn sie Hunger und Durst hatten. Besser kann man »fühl dich wie zu Hause« gar nicht illustrieren.

Wir müssen nicht wer weiß was auffahren, wenn Besuch kommt, nicht meinen, wir müssten das ganze Haus auf den Kopf stellen, es müsse alles ganz besonders sein!

Dann wird es schnell zur Last, so, wie wir sagen: »Besuch und Fisch stinken am dritten Tag!«

Wir könnten den Besuch doch einfach teilhaben lassen am ganz normalen Alltag. Die Afrikaner beschreiben das so: »Nach dem dritten Tag drücke deinem Gast die Hacke in die Hand!«

Wie oft habe ich eine Einladung nicht ausgesprochen, weil ich dachte, es ist nicht gut genug, was ich vorbereiten kann, ich habe keine Zeit, um alles so schön zu machen, wie ich es mir vorstelle, um ein Drei-Gänge-Menü, ein perfektes Dinner auf den Tisch zu bringen.

Als ob die Menschen so etwas suchten!

Sie suchen einen Platz, wo sie reden können, eine heiße Zitrone für ihre inneren Verkühlungen, Kamillentee für die Seele – ein Welcome an der Tür.

Menschen spüren es, ob wir offen sind oder zu, ob sie willkommen sind oder lästig!

Komm doch mal vorbei – einfach so.

Wir tun uns schwer damit, ich weiß. Wir können besser geben als nehmen, wir kümmern uns lieber, als Bekümmerte zu sein, wir sorgen uns lieber um andere, als selbst umsorgt zu werden.

Aber es tut gut, ein paar Menschen zu kennen, die man überraschen darf, die ein offenes Haus haben, die sich über spontane Besuche freuen, bei denen wir auftanken können, von denen wir anders wieder nach Hause gehen.

Die besten Begegnungen hatte ich immer an Küchentischen, ungeplant, herzlich, ehrlich!

Du bist nicht allein

Es gibt Wege, die möchten wir am liebsten niemals gehen!
Ein Platz an deinem Tisch bleibt nun für immer leer.
Schlimmer noch sind wohl die leeren Arme und das leere Herz.

Du kannst dich nicht mehr anlehnen, dir Sicherheit, Kraft, Rat und Geborgenheit holen von deinem Fels in der Brandung.

Und wenn du abends nach Haus kommst, dann wartet er nicht in seinem Sessel …

Nein, du willst jetzt keinen schnellen Trost, du musst erst einmal wütend sein, weinen, schimpfen, schreien, Schmerzen zulassen.

Du willst nicht hören: »Ich weiß, wie du dich fühlst.«
Nein, kein Mensch weiß das, wie deine Gefühle Achterbahn fahren, wie deine Seele einer Rumpelkammer gleicht, was an manchen Tagen in dir aufsteigt.

Kein Mensch weiß das!

Nein, ich werde jetzt nicht vom Himmel sprechen. Wenn es gut geht, werde ich dir etwas vom Himmel sein, wie eine kleine Insel in dem Meer deiner Traurigkeit.

Gerade an den Abenden, wo du allein bist, an den Sonntagen, die normalerweise der Familie gehören, zu Weihnachten …

Und wenn ich wieder zu Hause bin, werde ich den Himmel bestürmen, dass er dich da durchbringt …, dass er dir kleine Lichtblicke schenkt in deiner großen Dunkelheit.

Thornton Wilder hat gesagt: »Es gibt ein Land der Lebenden und der Toten und die Brücke ist die Liebe – das einzig Beständige, das Einzige von Bedeutung.«

Nein, ich werde nicht sagen: »Die Zeit heilt alle Wunden! – Das Leben geht weiter!«

Wenn es gut geht, können wir manchen Weg zusammen gehen, Friedhöfe besuchen, immer wieder sprechen von dem, was war und was du verloren hast und manchmal kann ich mit dir in deine Abgründe hinabsteigen.

Wo viel Traurigkeit ist, wo Tränen sind, da ist heiliger Boden.

Wir werden immer wieder alte Fotos anschauen, damit Erinnerungen ein bisschen ihren Schmerz verlieren und zu einem Schatz für dich werden.

Und nach Monaten, vielleicht Jahren, wenn alle meinen, nun sei die Normalität bei dir wieder zurückgekehrt, es ist wieder wie früher, werde ich wissen:

Du wirst nie wieder sein, wie du warst. Wenn du lachst, wirst du anders lachen. Wenn du mit Menschen zusammen bist, wird dein Herz anders empfinden. Und wenn du über Gott und die Welt nachdenkst, wird das unter einem anderen Vorzeichen stehen.

Es braucht viel Liebe und einen langen Atem – wenn ein Mensch, der uns sehr nahe steht, einen Teil seines Lebens verloren hat.

Die Kunst des Scheiterns

Freitagabend, 24. August 2007 in der NDR-Talkshow: Das ist mutig, wenn einer nicht hinterm Berg hält mit seiner Abhängigkeit von Kokain und Crack, seinem finanziellen Zusammenbruch und seiner Verzweiflung am Leben. Liedermacher Konstantin Wecker erzählt von seinem Scheitern, von der Zeit, als vom einstigen Glamour nichts mehr übrig war – und er macht Mut, zu sich selbst zu stehen, auch zu dem, was danebengegangen ist.

Im Juni 2007 ist er 60 geworden. 60 Jahre – und ein bisschen weise. In seinem Buch »Die Kunst des Scheiterns« spielt die

Lebensweisheit eine große Rolle. Wecker, der sich selbst einen typischen »Herdplattenanfasser« nennt, also alles selbst ausprobieren muss, sagt: »Das, was man in dieser Gesellschaft als Erfolglosigkeit versteht, muss nicht wirklich eine Erfolglosigkeit sein für die innere Entwicklung.«

Scheitern gehört zum Menschsein dazu. Scheitern im Kreis der Weight Watchers. Scheitern in Beziehungen, an Idealen. Es einfach nicht schaffen, was wir uns vorgenommen haben. Die Prüfung nicht bestehen. Mit der Firma in den roten Zahlen landen. Ziele, die wir uns gesteckt haben, nicht erreichen.

Willkommen im Club. Wie viele Flugversuche sind gescheitert, bevor es dann endlich geklappt hat mit dem großen Traum vom Fliegen.

Und wenn wir in die Bibel schauen: Lauter Biografien, in denen das Scheitern eine große Rolle spielt! – Der Apostel Paulus hat sehr darunter gelitten! Und welche Antwort hat er bekommen: »Lass dir an meiner Gnade genügen, denn meine Kraft ist in den Schwachen mächtig!«

Wenn Gott mit Menschen etwas vorhat, dann sucht er nicht die makellosen Siegertypen aus, sondern die, die etwas vom Scheitern wissen.

Hoffentlich bleiben wir bewahrt vor der Erfahrung schweren Leids, aber wir wissen sehr wohl, dass wir gerade in Krisenzeiten so etwas wie Wachstumsschübe erlebt haben.

Es fällt mir nicht leicht, mit dem Scheitern umzugehen, wie Rita Süßmuth zu sagen: »Hinfallen ist nicht schlimm. Wichtig ist, dass wir immer einmal mehr aufstehen als hinfallen.«

Es fällt mir nicht leicht, wie Alexis Sorbas nach dem Zusammensturz einer Brücke zu lachen und zu sagen: »Hast du jemals etwas so schön zusammenkrachen gesehen?« – Und dann Sirtaki zu tanzen und zu feiern.

Aber das, was Konstantin Wecker erzählt hat, das hat mir Mut gemacht, mich mit dem Scheitern zu versöhnen.

Das ist menschlich. Lach mal drüber! Nimm dich selbst nicht so wichtig. Nobody is perfect. Versuch doch auch mal, Sirtaki zu tanzen, wenn etwas danebengegangen ist! Und schau, scheitern hat dich verändert, es hat dich tatsächlich weitergebracht.

Man kann mitunter scheußlich einsam sein

Lieber Erich Kästner, diese Erfahrung teilen die meisten Menschen mit Ihnen.

»Ich bin so einsam«, das sagt die Frau, die ihren Mann verloren hat. Sie hasst die langen Abende, wo ihr die Decke auf den Kopf fällt. Keiner sagt ihr das Wort, nach dem sie sich sehnt. Sie kann nicht loswerden, was sie bewegt. Kein Streicheln, keiner lieber Blick. Das tut so weh.

Aber auch mitten in Gesellschaft, bei einem wunderschönen Fest, kann es passieren, dass uns das Gefühl von Einsamkeit überkommt.

Wir empfinden Begegnungen als hohl und oberflächlich, möchten ganz schnell weg, uns die Decke über den Kopf ziehen und weinen!

Warum finden wir nicht zueinander, trotz aller guten Worte?

Warum bleibt immer dieses Gefühl, einander fremd zu sein, als wären da unüberwindbare Schranken?

Künstler erzählen von ihrer Einsamkeit im Hotelzimmer, wenn der Auftritt zu Ende ist.

Wir Frauen wissen etwas davon, dass ein Hauch von Melancholie bleibt, wenn die Gäste, auf die man sich lange vorbereitet hatte, wieder gegangen sind.

Wir lieben unsere Kinder, unseren Partner, unsere Freundin – und auf einmal sind sie uns fremd.

Wir wollen uns verständlich machen, aber wir erleben, dass der andere genau das nicht versteht, was uns im Innersten bewegt.

Alle Liebe hat diesen schwermütigen Beigeschmack, den Hermann Hesse mal so formuliert hat: »Einsam im Leben wandern – Leben heißt einsam sein. Keiner sieht den andern, jeder ist allein.«

Wen hab ich denn, der bei mir aushält, der mich aushält, egal, was kommt?

Ja, es gibt die großen Sternstunden der Liebe, wo Mann und Frau eins werden, und dann stehen wir da und verstehen die Welt nicht mehr.

Immer, wenn der Tag sich neigt,
wenn sein lautes Lärmen schweigt,
kommt sie ungefragt zu dir
und sie tritt in deine Tür,
lautlos aus der Dunkelheit, deine Einsamkeit.

Dieses Lied von Udo Jürgens spricht etwas an im Menschen, das jeder mehr oder weniger gut kennt! Auch die Starken mit einem tragfähigen sozialen Netz!

Es gibt eine letzte Einsamkeit, die nur in der Nähe Gottes aufgehoben werden kann.

»Unser Herz ist unruhig, bis es Ruhe findet in dir«, sagt Augustinus.

Das ist das eine.

Aber dann ist da noch das andere – eine äußerst wirksame Gegenmaßnahme, um die letzte Einsamkeit im Zaum zu halten:

»Zur Einsamkeit braucht man immer zwei: sich selbst und die anderen, die nicht da sind!«

Warum tun wir uns eigentlich nicht zusammen? Schau dich um, die Welt ist voll von Menschen, die Nähe suchen, die darauf warten, dass einer den ersten Schritt wagt!

Sag nicht mehr: »Wenn es mir mal besser geht, dann werde ich Kontakte suchen.« Nein: Such Kontakte, damit es dir besser geht! Setz dich nicht mehr trübsinnig vors Telefon und warte darauf, dass einer anruft: Überwinde alles, was dich hindert – und wähle die Nummer, wo für dich gilt, was sie im Fernsehen versprechen: »Da werden sie geholfen.«

Es gibt einen Satz, der mich sehr wach gemacht hat: »Wer einsam ist, der liebt zu wenig!« Bleib nicht bei deiner Einsamkeit stehen, vergrab dich nicht in einer Schwermutshöhle, komm raus, geh auf Menschen und das Leben zu.

Wer sich verloren vorkommt, vielleicht muss der wieder suchen lernen, wieder offen sein für Überraschungen!

Es ist viel mehr möglich, als wir denken!

Koch dich erst mal 'nen Kaffee

Das war erfrischend, als eine Seminarteilnehmerin von einer alten Landhebamme erzählte.

Wenn die ins Haus kam und die werdende Mutter antraf, wie sie unter den Wehen stöhnte, dann konnte sie ja nicht sagen: »Huch, Mädchen, was machen wir denn nun?«

Nein, sie musste ja helfen, das Kind zur Welt zu bringen, sie musste Mut, Kraft und Zuversicht vermitteln. Und dann sagte sie: »Koch dich erst mal 'nen Kaffee!«

Wir waren aus dem Häuschen vor Begeisterung! Mit seiner schrägen Grammatik drückt dieser Satz so viel Weisheit aus: Wenn etwas ist, was dich fordert, überfordert, wenn du nicht weißt, wie du das schaffen sollst, und am liebsten aufgeben möchtest, wenn du das Gefühl hast: »Die ganze Welt ist ein Irrenhaus und hier ist die Zentrale«, dann »koch dich erst mal 'nen Kaffee!«

Gönn dir erst einmal eine Auszeit. Denk an etwas anderes, geh eine Stunde in den Garten, sprich mit einer Freundin darüber oder sprich ein Gebet. Lies ein paar Seiten in einem guten Buch, lass dir frische Luft um die Ohren wehen – oder tanze zu südamerikanischen Rhythmen. Es tut gut, wenn wir ein paar Schritte zurückgehen von dem, was an uns zerrt.

Aus der Distanz heraus sehen wir manches klarer.

Das Leben ist nicht immer leicht. Jeder weiß das.

Aber es gibt Kraftquellen, die wir anzapfen können, um unsere inneren Akkus wieder aufzuladen.

Es ist nicht gut, von morgens bis abends um seine Probleme zu kreisen.

Im großen Schweren, was wir zu bewältigen haben, gibt es auch so manches Leichte.

Vielleicht dürfen wir mitten drin sogar einmal lachen. Das befreit!

»Koch dich erst mal ’nen Kaffee!«

Das hilft auch, wenn es Streit gegeben hat, wenn man seinen Mann (oder seine Frau) am liebsten auf den Mond schießen möchte und wenn man so wütend ist, dass man mit einem bestimmten Menschen nie wieder ein Wort wechseln will!

Hebammen sind tolle, taffe Frauen, sie helfen mit, dass neues Leben geboren wird.

Bei uns ist der Satz zum geflügelten Wort geworden: »Koch dich erst mal ’nen Kaffee!« Wie können wir die alte Hebammen-Weisheit für uns umsetzen?

Ja sagen zum großen Fluss des Lebens

Im letzten Jahr habe ich mir zwei Abende gegönnt, wo ich einfach nur dem ruhigen Fließen des Wassers zugeschaut habe.

Das tut gut!

Unser Leben ist wohl auch so ein ruhiges Fließen durch die Zeit, von der Quelle bis zur Mündung!

Leben ist unterwegs sein, ist immer Werdewelt, diese paar Jahre, die uns hier geschenkt sind – uns Gästen aus der großen Ewigkeit!

So, wie die Weser, kann ich auch nicht sagen: »Stopp! Hier ist gut sein. Hier gefällt es mir. Hier mach ich's mir gemütlich.«

Nein, ich muss weiter, immer weiter. Kennen Sie dieses herrliche Gedicht von Otto Reutter: *Nutz den Frühling deines Lebens, leb den Sommer nicht vergebens, denn schon bald stehst du im Herbste, bis der Winter kommt, dann sterbste. Und die Welt geht trotzdem heiter, immer weiter, immer weiter!*

Tröstlich ist beim Blick auf die Weser: Wo es mir nicht gefällt, wo etwas kaum zu ertragen ist, wo Frust ist oder etwas nur so vor sich hindümpelt, da darf ich auch weiter, immer weiter! Ich weiß: Auch solche Phasen gehen vorbei. Das, was dich nach unten zieht, ist nicht alles, es gibt noch mehr, es gibt Chancenland für dich. Du wirst sehen!

Leben ist immer im Fluss, ständig in Bewegung.

Und wir modernen Menschen, die wir alles im Griff haben möchten, die wir stolz sind auf unsere Freiheiten und unsere Lebensentwürfe, wir müssen zugeben: Es fällt uns nicht leicht, uns diesem großen Lauf der Welt anzuvertrauen, einzuwilligen in den Rhythmus dessen, was immer schon war und bleiben wird.

Wir mit unseren Zeitmanagement-Seminaren haben es schwer mit dem Gedanken, dass uns die Zeit zugemessen wird.

Er fällt mir wieder ein, jener kluge Mann, der auf meinen Terminkalender schaute und sagte: »Ja, wir müssen planen. Das gehört zum Leben dazu! Aber wenn du deine Termine einträgst, dann nimm einen Bleistift! Du weißt nie, ob das Leben, ob Gott für dich womöglich noch ganz andere Termine vorgesehen hat als die, die du bis jetzt im Blick hattest!«

Unser Planen hat eben nur dann Verheißung, wenn wir es eingerahmt wissen von den himmlischen Rahmenbedingungen.

Und während ich auf die Weser schaue, komme ich ins Sinnieren:

Wir wissen nie, was uns hinter der nächsten Kurve erwartet.

Ist es etwas Schönes, wo wir etwas von der großen Freude am Leben spüren, wo Feierlaune aufkommt, oder ist etwas, das womöglich alles Liebgewordene durcheinanderwirbelt, was uns wie eine zentnerschwere Last auf die Schulter gelegt wird – und wir haben Angst, ob wir das bewältigen können, ob unsere äußeren und inneren Kräfte dafür ausreichen.

Habe ich den Mut, dem Leben zu trauen, weil Gott es mit mir lebt?

Auch dann, wenn ich damit nicht automatisch ein Abonnement fürs Glück erwerbe?

Es ist wohl so, wie es der weise Mann, den die Bibel »Prediger« nennt, ausgedrückt hat, der einen klaren, wachen Blick für das Wesentliche hatte:

»Alles hat seine Zeit« – stell dich drauf ein! Leben ist eine Mixtur aus schön und bitter, leicht und schwer, gewinnen und verlieren, lieben und loslassen müssen.

Es gibt eine Zeit, da lieben wir unsere Kinder hinein ins Leben, machen sie stark und deuten ihnen die Welt. Und irgendwann ist die Zeit, da müssen wir sie loslassen, dürfen nicht klammern, müssen sie ihren Weg ziehen lassen, ihnen zutrauen, dass sie allein klarkommen.

Frei nach Goethe: »Wenn die Kinder klein sind, gib ihnen starke Wurzeln, wenn sie größer werden, gib ihnen Flügel!«

Alles hat seine Zeit.

Es gibt eine Zeit, ein Amt zu bekleiden, sich zu engagieren, das Beste zu geben – und irgendwann ist es Zeit, ein Amt wieder abzugeben.

Es ist wohltuend, wenn ein Mensch weiß, wann was für ihn dran ist. Wenn er sich ab und zu fragt: Wofür werde ich heute gebraucht? Wo ist mein Platz?

Es gibt die Zeit, wo wir säen, und es gibt eine Zeit, wo wir geduldig warten müssen, wie im Verborgenen etwas wächst. Alles hat seine Zeit!

Ich kenne Menschen, die möchten wissen und verstehen, was Gott im Himmel sich dabei gedacht hat, dass er ihnen oder ihrer Familie diese Krankheit auferlegt.

Aber es ist noch nicht die Zeit des Verstehens, der Antworten und des Trostes. Es ist noch Zeit des Klagens, des Kämpfens und des Weinens. So bitter, wie es ist!

Und Krankheit ist nicht nur Störung im Lebenslauf. Es ist Zeit, die jetzt Zeit braucht. Eine Etappe im großen Fluss! Und es wird erst später die Zeit kommen, wo manches in einem anderen Licht erscheint, was uns jetzt völlig aus der Bahn wirft!

Ich nehme an, Sie gehören auch zu den Menschen, die nicht gerne streiten. Wir möchten am liebsten immer Harmonie, gerade wir Frauen.

Und gleichzeitig wissen wir, es muss gestritten werden. Streit braucht auch seine Zeit.

Und wenn mir ein Ehepaar erzählt, dass sie sich so gut wie nie gestritten haben im Laufe von 30 Jahren, dann werde ich immer ganz unruhig. Das macht auf mich den Eindruck, als habe einer immer nur brav genickt, als habe man alle Konflikte unter den Teppich gekehrt. Da muss doch was geklärt werden, wenn zwei Menschen zusammen ihren Weg gehen.

Alles hat seine Zeit.

Wenn ich die Wahl hätte, dann möchte ich immer, dass gelingt, was ich anpacke. Aber es wird auch Scheitern geben. Wir brauchen beides, Erfolg und Scheitern, damit wir reif werden, damit wir Menschen mit Tiefgang werden.

Und so, wie es Ebbe und Flut an der Nordseeküste gibt, gibt es auch Ebbe und Flut in unserem Leben: in der Liebe, in den Gefühlen, im Portemonnaie, in der Gesundheit, in der Freundschaft ...

Alles hat seine Zeit!

Das kann uns ganz gehörig zusetzen, wenn wir es wie eine kalte Begrenzung durch ein blindes Geschick verstehen. Aber »alles hat seine Zeit«, das soll doch guttun!

Alles ist im Fluss zur Ewigkeit. Verlorene Zeiten gibt es nicht, es gehört alles dazu! Alles hat seinen Sinn.

Selbst wenn die Zeit kommt, dass wir Abschied nehmen müssen, auch diese Zeit gehört dazu, damit wir ans Ziel kommen!

»Alles hat seine Zeit!«

Manchmal mühen wir uns ab bis zum Umfallen, möchten etwas klären, auf den Weg bringen, bewegen – und es gelingt nicht.

Und ein paar Tage später löst sich etwas wie von selbst, da öffnen sich Türen, die vorher fest verschlossen waren!

Wenn die Zeit nicht reif ist, dann werden wir nicht gehört mit dem, was wir sagen. Wir können noch so tolle Worte machen – sie dringen nur zum Ohr des Menschen, weiter nicht.

Wenn die Zeit reif ist, werden Worte zum Ereignis, erreichen die Mitte, das Herz der Menschen.

Wer zur falschen Zeit auf Fang ausgeht, kommt mit leeren Händen zurück.

Wer auf Biegen und Brechen etwas durchsetzen möchte

– und die Zeit ist nicht reif –, der kommt nicht weiter, der wird merken: Das passt nicht, da liegt kein Segen drauf!

Wer zur falschen Zeit einem Menschen seine Liebe gesteht, der stößt auf Ablehnung! Tausend Mal berührt, tausend Mal ist nichts passiert. Tausendundeine Nacht und es hat »Bumm« gemacht! Der Funke springt über und wir wissen nicht, wie uns geschieht!

Wenn es meine Aufgabe ist, für einen Menschen da zu sein, und ich fliege nach Teneriffa und sage: »Die Freiheit nehm ich mir!« – dann werde ich ein Unbehagen spüren und wissen, dass ich mich gedrückt habe, dass ich nicht da bin, wo ich jetzt sein sollte!

Alles hat seine Zeit!

Wir fassen große Vorsätze, besuchen ein Seminar nach dem anderen und möchten uns verändern. Aber es klappt nicht!

Kennen Sie den?

Da kommt ein Mann begeistert von einem Persönlichkeitstraining nach Hause. Endlich weiß er, wo er ansetzen muss, damit alles besser wird, er aus seiner alten Haut in eine neue schlüpfen kann. Im Garten stellt er ein kleines Holzkreuz auf und legt eine Tafel daneben, auf die er schreibt: »Hier liegt der alte Jürgen begraben, der ich mal war.« Der kleine Sohn beobachtet die Entwicklung seines Vaters und stellt alsbald eine andere Tafel neben das Holzkreuz: »Nach drei Tagen ist der alte Jürgen wieder auferstanden!«

Vielleicht ist noch nicht die Zeit für eine bestimmte Veränderung, wir können mit 30 nicht die Weisheit erzwingen, die uns mit 60 einfach so zufallen wird.

Alles hat seine Zeit!

Mag sein, dass Sie in diesem Jahr das eine oder andere Mal an der Weser sitzen.

Das hat etwas Tröstliches, dem Fluss zuzuschauen.

Wenn es ganz dicke kommt, wenn ich überfordert bin, bin ich trotz allem getragen vom Strom der Ewigkeit!

Ich grübele nicht ständig an der Zukunft herum – mache mich nicht verrückt mit dem, was alles kommen könnte.

Ich wühle aber auch nicht immer aufs Neue in der Vergangenheit, an dem, was ich nicht mehr ändern kann.

Ich vertraue mich dem großen Fluss an!

Der Prediger sagt:

Da merkte ich, dass es nichts Besseres gibt, als fröhlich sein und sich gütlich tun in seinem Leben. Denn ein Mensch, der da isst und trinkt und hat guten Mut bei all seinem Mühen, das ist eine Gabe Gottes!

Wer versucht, das Beste aus diesem einen Augenblick zu machen, aus diesem einen Tag, wer mitschwingt im großen Fluss des Lebens, der ist gut dran! Bei dem zieht Gelassenheit ein!

Er hetzt nicht durch die Zeit, weil er möglichst viel aus ihr herauspressen möchte!

Er gibt den Menschen die Zeit, die sie brauchen. Er gibt den Dingen die Zeit, die sie brauchen. Er gibt sich selbst die Zeit, die er braucht.

In unserem unvollkommenen Leben, mit unserer Angst, es nicht zu schaffen, nicht gut genug zu sein, ahnen wir, was erfüllte Zeit ist, wenn wir uns dem Fluss des Lebens anvertrauen. Das macht Kopf und Hände frei, um mutig anzupacken, was zu tun ist.

Es ist so leicht, das Leben schlechtzureden. Lassen Sie uns das Glück bemerken, hier sein zu dürfen, geschenkte Zeit zu haben.

Unsere Zeit, dieses flüchtige Etwas, ist eingebettet in den großen Fluss zur Ewigkeit.

Ich wünsche Ihnen gute Entdeckungen an der Weser oder sonst wo.

Vielleicht treffen wir uns.

Wenn das Leben in die Jahre kommt

Ich sitze beim Friseur. Wir überlegen, was denn nun zu tun ist. Färben, Strähnchen oder das Grau durchwachsen lassen?

Es geht nicht nur um die Haarfarbe, wenn das Leben in die Jahre, in die »Wechsel-Jahre« kommt. Ich spüre, dass ich empfindlicher bin als früher, dass ich näher am Wasser gebaut habe.

Vieles dringt jetzt tiefer in die Seele, ich mache mir um alle und alles Gedanken. Ich erlebe in meinem persönlichen Umfeld, wie zerbrechlich das Leben ist. Die Unbekümmertheit der Jugend scheint sich zu verabschieden.

Früher hab ich vieles heruntergeschluckt um des »lieben Friedens« willen. Nach außen war ich ruhig, und in mir hat es gebrodelt, ich habe die Faust in der Tasche geballt.

Jemand hat mir sehr wehgetan und ich gebe mich cool, bewahre Contenance! Aber wie sagt der Volksmund: »Kummer, der nicht spricht, geht bis zum Herzen, bis es bricht.« Verletzung, die nicht spricht, geht bis zum Herzen, bis es bricht!

Ja, vielleicht braut sich da mit der Zeit irgendwas im Körper zusammen. Vielleicht entsteht genau da mancher Knoten, wenn wir das, was wühlt, was ein Ventil bräuchte, hermetisch abriegeln, wenn wir ständig alles unter den Teppich kehren. – »Denn, wie's da drinnen aussieht, geht niemand was an!« – Doch, das geht jemand etwas an, mich selbst!

Vielleicht ist die neue Empfindlichkeit eine Chance. Ich weiß jetzt, was ich will und was ich nicht will. Ich weiß jetzt, was ich wert bin und wo meine Grenzen sind. Ich brauche kein Hormonpflaster auf dem Po, ich will mich den vielen Stimmungen und Stimmen in mir stellen, eine neue Freundin gewinnen, mich selbst. Ja, endlich Freundschaft schließen mit mir selbst! Ich will nicht mehr allen gefallen, möchte authentisch sein. Ich muss mich nicht mehr vergleichen mit 20-jährigen Models. Wenn ich in den Spiegel schaue, will ich nicht sagen: »Wie bist du grau und welk geworden«, ich will sagen: »Wow, wie bist du reif und weise geworden.« Für mich beginnt im Juni nicht mehr die »Bikinisaison«, sondern ganz einfach der Sommer!

Sind die Wechseljahre der berühmte Anfang vom Ende? Werde ich irgendwann meine Zähne in Kukident legen müssen, werden die Brillengläser immer dicker und ist jetzt bald die Zeit der Stützstrümpfe gekommen? Werden Essen und Trinken dann der »Sex des Alters« sein, wie es eine Bekannte ausdrückte? Werde ich mir von zwei Veranstaltungen am Abend jetzt die aussuchen, wo ich spätestens um 23 Uhr im Bett liegen kann?

Ich habe vor, gerade jetzt gut zu mir zu sein, mir Zeit zu nehmen für Sport, Sauna und kleine Oasen für die Seele. Ja, ich hab viel geleistet, ich brauche jetzt ein bisschen Ruhe und vor allem dies, dass ich liebevoll mit mir selbst umgehe.

Und wenn ich in mancher Nacht nicht schlafen kann so wie früher: Es könnte doch sein, dass es einiges gibt, worüber ich nachdenken soll. Vielleicht möchte ich die Augen verschließen vor manchen Dingen; es ist aber Wachsein gefragt. Ich werde Ja sagen zu schlaflosen Stunden. »Was wollt ihr mir sagen? Guter Gott, was willst du mir sagen, worauf möchtest du mich aufmerksam machen, welche Lektionen hast du jetzt für mich vorgesehen? Was soll ich aus den Erfahrungen der ersten Lebenshälfte lernen, wie soll ich weitergehen in die zweite Halbzeit?«

Und wenn ich jetzt Hitzewallungen bekomme, dieses Schreckgespenst aller Frauen in meinem Alter? Was soll's! Manche gehen zum Schwitzen freiwillig und gern in die Sauna und wissen, wie wohl das tut zur Reinigung des Körpers. Ich stelle mir vor, Hitzewallungen sind so etwas wie eine spirituelle Sauna, das ist etwas Positives!

Manchmal gibt es Probleme mit starken oder unberechenbaren Blutungen. Das geht an die Substanz. Da wird einiges vorgeschlagen von den Ärzten und in diversen Zeitschriften. Vielleicht hat das mit den Blutungen auch etwas mit einer großen inneren Reinigung zu tun. Vielleicht muss manches herausgeschwemmt werden, Enttäuschungen, das »Über-die-Kräfte-gelebt-Haben«, das Unverarbeitete, das

Zerbrochene, das, was Angst macht! Hier ist ein Fluss, der ins Gleichgewicht bringen kann. Ja, manche Frau hat geblutet im Laufe ihres Lebens, da ist manche Wunde in ihr, die noch längst nicht geheilt ist. Und vielleicht müssen wir das endlich mal zulassen, damit Heilung möglich wird, damit wir eine gute Beziehung zu uns selbst bekommen.

Was mach ich nun mit den grauen Haaren? Ich werde in einer großen Nonchalance darüber nachdenken, es gibt vieles zu entdecken, wenn das Leben in die Jahre kommt! Wenn ich es recht bedenke, hab ich noch nie so genau gewusst, was ich will, habe ich noch nie so intensiv gelebt.

Alles hat seine Zeit

Alles hat seine Zeit,
geboren werden,
Sturm- und Drangjahre erleben,
das Nachlassen der Kräfte
und das Sterben.

Es gibt eine Zeit des Verliebtseins
und die Erfahrung, dass man sich völlig fremd ist,
als wäre da eine hohe Mauer.

Streiten und sich vertragen – beides muss sein,
wie Tag und Nacht,
Ebbe und Flut.

Es gibt Jahre,
in denen du nichts anbrennen lässt,
und Jahre,
in denen selbst der größte Casanova
abends brav auf dem Sofa sitzt.

In manchen Stunden ahnst du
den Reichtum des Lebens,
in anderen möchtest du alles hinwerfen
und verstehst die Welt nicht mehr,
siehst keinen Sinn in dem, was du tust.

Es gibt Zeit für den Spargel
und Zeit für den Grünkohl.

Da sind Jahre,
die sind so voll,
dass du froh bist, halbwegs durchzukommen.
Da sind Jahre,
wo du bewusst lebst,
Sinn für Ästhetik und Weisheit entwickelst.

Alles hat seine Zeit,
Augenblicke, in denen du dich Gott ganz nahe fühlst,
und solche, in denen du dir verlassen vorkommst,
ohne Mumm, ohne Hoffnung.

Es gibt Stunden,
da meinst du, du könntest die Welt bewegen,
und Stunden,
wo du dasitzt wie ein Häufchen Elend.

Und nun?
Wie gehen wir damit um?
Ich beschließe, nach vorne zu sehen,
jeden Tag auszukosten, der mir geschenkt ist –
an guten Tagen nicht abzuheben
und in schlechten nicht zu verzweifeln.

Ich willige ein in den großen Fluss des Lebens,
der auch mir ein paar Jahre hier zumisst,
von Ewigkeit zu Ewigkeit.

Karfreitage unseres Lebens

In der althochdeutschen Sprache heißt »Kara« soviel wie Kummer, Trauer, Klage. Deshalb haben unsere Alten wohl vom »Kummer-Freitag« gesprochen.

Aus meiner Kindheit habe ich in Erinnerung, dass es keine Unterhaltungsmusik im Radio gab und dass die Familie in Schwarz zum Abendmahl ging – eine seltsam bedrückende Stimmung! Puh!

Wahrscheinlich können die Dynamischen, die Macher und Idealisten mit diesem Tag nicht viel anfangen. Wohl eher die, die etwas wissen von durchkreuzten Lebensplänen, vom Scheitern und Sterben, von all dem, was wir am liebsten ganz weit wegschieben möchten.

Wer mag schon gerne an das denken, was Menschen anderen Menschen antun können, bis heute. An das, was im Leben alles dazwischenkommen kann, während wir von der Leichtigkeit des Seins träumen, während wir unsere Pläne schmieden?

Wer hält sie aus, die Karfreitage der Menschen, wo gelitten und gestorben wird? Ja, wir möchten hoch hinaus und müssen doch manchmal so tief hinunter!

Und dann steht er da, der starke Mann, der auf alles eine Antwort weiß, der für alles vorgesorgt hat und kann die Mutter nicht besuchen, die mit Krebs im Endstadium im Krankenhaus liegt.

Unsere Gesellschaft möchte am liebsten nach dem romantischen Weihnachtsfest gleich Ostern feiern, ohne Karfreitag. Ja, das Fest des Aufblühens, der Lebensfreude, das mögen wir.

Na klar, ist doch schön, wenn alles rund läuft, wenn etwas gelingt. Der Wunsch ist so verständlich!

Aber wir können die Karfreitage der Menschheit nicht einfach ausblenden. Sie sind da! Gehen Sie einmal durch Ihr Dorf, durch Ihre Stadt, schauen Sie in die Zeitung, in die Nachrichtenmagazine.

Wir brauchen den Karfreitag! Nicht, um Trübsal zu blasen, um in Trauer zu versinken, sondern um uns an die Liebe erinnern zu lassen, dass Gott aus der höchsten Höhe in die tiefste Tiefe gekommen ist, damit wir dort nicht alleine sind.

Wir brauchen den Karfreitag, damit uns eine Ahnung vom Geliebtsein wächst. Am Kreuz ist alles umarmt, was diese Welt an Leid, an Widersprüchlichkeiten und Hässlichkeiten kennt. Gott weiß, was in dieser Welt gelitten wird!

Der Karfreitag ist kein Tag der schnellen und einfachen Antworten. Es ist ein Tag, an dem wir ganz nah dran sind am Geheimnis der Liebe Gottes. Das Dunkle muss nicht immer dunkel bleiben. Aus allem, was ist, auch aus dem Schlimmsten, kann wieder neues Leben erwachsen.

Du bist in deinem Leid getragen.

Seitdem Jesus Christus am Kreuz gesagt hat: »Es ist vollbracht«, können wir vieles vollbringen, was dieser Welt ein anderes Gesicht gibt. Wir können unsere Wege auf Gottes Wegen gehen.

Das große Comeback

Knospen springen auf, Forsythien und Narzissen leuchten, Bärlauch würzt Salat, Quark und Suppe.

In Äste, die vertrocknet schienen, schießt neues Leben ein.

Der Wucht von Ostern kommen wir wohl am ehesten auf die Spur, wenn wir genau hinschauen, wie die Natur im Frühling aufbricht.

Nach dem endlos scheinenden Winter – wo alles so trostlos aussah – können wir endlich wieder neues Leben begrüßen.

Die Natur erwacht aus dem Winterschlaf. Es ist kaum zu fassen.

Das Frühlingserwachen lässt uns tief im Innern ahnen,

dass Auferstehung möglich ist, das große Comeback des Lebens, wo wir nicht mehr damit gerechnet hätten.

Was in der Natur passiert, rührt uns immer wieder an!

Es ist, als hätten wir jetzt auch einen Drall zu Neuanfang und Aufbruch, als würden wir ahnen, dass auch in uns etwas schlummert, das aufbrechen möchte.

Vielleicht sind es nicht die berühmten Schmetterlinge im Bauch, die ungestümen Frühlingsgefühle, die wir in der Jugend hatten – aber so ähnlich wie: Wir haben auf einmal wieder Lust auf Menschen, haben Lust, etwas Neues zu entdecken, etwas Neues zu wagen.

Was momentan in der Natur geschieht, hilft unseren müden Herzen wieder auf die Sprünge, sagt uns: Was dich festhält, das kann geknackt werden.

Was in dir erstarrt ist, kann auftauen.

Was dich blockiert, kann wieder fließen.

Du kannst das Wort jetzt sagen, das dir bislang so schwer gefallen ist.

Du kannst dem die Hand reichen, mit dem du Verständigungsprobleme hattest.

Ja, es ist möglich, dass du wieder viel mehr danken kannst als klagen, dass deine Stimme wieder einen anderen Tonfall bekommt, dass du gegen allen Kleinglauben wieder anfängst, mit Gott zu rechnen, dass du wieder gerne aufstehst und gerne hier bist.

Osterfreude ist die Freude, die Festgefahrenes aufbricht, Angst in Freiheit verwandelt, Fesseln sprengt und unserer Zukunft ein Zuhause gibt.

Bunt sind schon die Wälder

Der Sommer ist vergangen – eine leichte Melancholie beschleicht uns. Du sagtest neulich: »Ich mag gar nicht an den Winter denken, an die Kälte und die Dunkelheit!«

Und mir war so, als meintest du nicht nur die wirkliche

Kälte und Dunkelheit. Du meintest auch diesen Übergang in eine andere Lebens-Zeit, die manches in uns aufsteigen lässt, was wir in der Leichtigkeit des Sommers nicht einmal erahnt hatten.

Wenn im Herbst die Sonne scheint, ist das ein Geschenk. Wir wissen das in besonderer Weise zu schätzen und möchten die Tage feiern. Goldener Oktober. Wir freuen uns über die Früchte, die sich jetzt in schönsten Farben und Düften präsentieren. »Einst pflanzten wir Reben, jetzt trinken wir Wein!« Ja, das hat was. Es ist Zeit, sich auf der Gartenbank zurückzulehnen und zu genießen. Das Leben ist eine Herrlichkeit. Es gibt viel Stoff für ein »Lobe den Herrn«.

Zum Herbstanfang höre ich in jedem Jahr »Den Herbst« aus den »Vier Jahreszeiten« von Antonio Vivaldi – und nehme die Stimmung wahr, auch die Stimmung, die in mir ist.

Ich lese die Geschichte von der kleinen Maus Frederik, geschrieben von Leo Lionni, die nicht nur Naturalien als Vorrat für den Winter sammelt, sondern auch Farben, Worte und Bilder. Ich frage mich: Wovon lebe ich? Was bringt mich durch den Tag, auch durch den schweren?

Ich schaue zurück auf die Ernte, auf die Ernte meines Jahres. Was ist gewachsen? Wie haben sich die Beziehungen entwickelt? Wie steht es um die Menschen, die mir am Nächsten sind?

Was ist mit mir geschehen im letzten Jahr?

Ach ja, manche Eitelkeiten kann ich jetzt belächeln. Durch manchen Crash bin ich milder geworden mit mir und anderen.

Wie die Früchte gereift sind, so möchte ich auch reif werden, vom Früchtchen zur Frucht, ein Mensch mit Tiefgang, ein Mensch, der entfaltet, was Gott an Möglichkeiten in ihn hineingelegt hat, ein Mensch, der anderen wohltut.

Ich sitze im Garten und lese, was eine Frau beim Frühstückstreffen in Salzwedel so großartig formuliert hat:

»Ich werde mich nicht auf mich verlassen
und auf meinen begrenzten Verstand.

Wie oft sitze ich auf einem dünnen Ast
und ich weiß
und ich glaube
und ich bete:
Herr, wenn du ihn nicht hältst, dann bricht er.«

Vorfreude ist die schönste Freude

12 000 Blumenzwiebeln wollen sie pflanzen, die Wunstorfer Landfrauen, zum 60-jährigen Jubiläum. 12 000 Mal die Welt verschönern. Etwas zum Blühen bringen, den Menschen Freude bereiten, Eye-catcher setzen, mit Vorfreude ans Werk gehen.

Im Herbst schon die Bilder vom Frühling vor Augen haben!

»Menschen, die aus der Hoffnung leben, sehen weiter!«
– So ist es!

Ich stehe im Garten, grabe den Pferdemist unter und stelle mir vor, was im nächsten Jahr alles wachsen wird. Ich lege Zwiebeln von Krokussen, Narzissen, Tulpen, Schneeglöckchen und Märzenbecher in den Boden und sehe schon jetzt das farbenfrohe Bild vor mir – wie mich diese Blumen im Frühling erfreuen und zum Leben locken werden.

Ich pflanze Himbeeren, Stachelbeeren und einen Säulenapfel und ahne schon jetzt den Genuss, der mich im nächsten Jahr erwartet.

Der Herbst ist nicht nur ein melancholischer Abschied von Sommertagen, ist nicht nur Weltschmerz, dass alles vergeht, ist nicht nur Konfrontation mit dem Sterben.

Nein, Gartenarbeit im Herbst heißt auch Hoffnung pflanzen, voller Vorfreude auf den Frühling sein, der Lebenskraft vertrauen. Gärtner haben etwas Positives!

Das Leben erlischt nicht, es nimmt Anlauf für etwas Neues.

Das ist was im Werden. Wo wir meinen, da kommt nichts mehr, wird ein großes Auferstehen vorbereitet.

Das Eigentliche geschieht in der Stille, wie so oft. Im dunklen, kalten Gartenboden – wo's keiner vermutet.

Das Eigentliche geschieht in der Stille, auch bei mir, wenn ich mein Funktionieren und Wegschaffen mal unterbreche, mir so etwas wie eine Brachzeit gönne, die Melodie des Lebens in mir wieder wahrnehme. Wenn ich nicht mehr meine, alles hinge an mir und ohne mich ginge es schließlich nicht!

Der Herbst ist Melancholie und Vorfreude in einem.

Wie gestalte ich ihn? Ich denke an die Wunstorfer Landfrauen und schaffe die Voraussetzungen dafür, dass neues Leben wachsen kann.

Samenkorn Freude, ich streue dich aus, wo ich eine Menge Traurigkeit um mich herum erlebe, wo manches nur so vor sich hindümpelt.

Samenkorn Hoffnung, ich streue dich aus, wenn ich sehe, dass Menschen keine Lebe-Lust mehr haben.

Samenkorn Frieden, ich streue dich aus, wenn ich sehe, dass Menschen es miteinander schwer haben, in meinem Nahbereich und in dieser Welt. Es ist so viel Neid und Bissigkeit, so viel Unversöhnlichkeit unter uns.

Samenkorn Vertrauen, ich streue dich aus. Viele trauen dem Leben und Gott nicht mehr und trauen sich selbst nichts mehr zu.

Ich streue fleißig Samen für etwas Neues aus und bin gespannt, was daraus wird.

Ich vertraue dem großen Gärtner, dass er selbst etwas zum Blühen bringt!

Silvester-Stimmung

»Eins, zwei, drei, im Sauseschritt – es eilt die Zeit, wir eilen mit«, so klingt es bei Wilhelm Busch.

Die Zeit fließt! Ich schau noch einmal die Fotos dieses Jahres an, die Highlights des Jahres mit dem Papst, der

Bundeskanzlerin, den Spuren von Kyrill. Und dann schau ich die Fotos aus meinem privaten Album an.

Wir haben gelacht und geweint, geliebt und geschuftet, wir wurden enttäuscht und belohnt, haben gelitten und genossen. Es war eine bunte Mischung. Wir haben eine gute Ernte eingefahren und ganz viel Liebes verloren. Wir haben um Menschen gebangt und Hochzeit gefeiert! Das Jahr hat Spuren hinterlassen, in unserem Innern und auch im Gesicht.

Die Silvester-Stimmung ist etwas Besonderes! Beim Eintragen der Termine in den jungfräulichen Kalender spüre ich Vorfreude, und gleichzeitig wird mir bewusst, dass Zeit immer nur Geschenk ist – unverfügbar – und dass wir je älter, je mehr fragen: Was ist wesentlich, worauf kommt's an, welche Spuren möchtest du ziehen in deinem knapp bemessenen Rahmen?

Als ich jünger war, war dies der Tag der guten Vorsätze. Was wollte ich großer Idealist nicht alles ändern, besser machen, anzetteln! Und heute? Heute sage ich mit Erich Kästner:

Man soll das neue Jahr nicht mit Programmen
beladen wie ein krankes Pferd.
Wenn man es allzu sehr beschwert,
bricht es zu guter Letzt zusammen.
Je üppiger die Pläne blühen,
umso verzwickter wird die Tat.
Man nimmt sich vor, sich zu bemühen,
und schließlich hat man den Salat!
Es nutzt nicht viel, sich rot zu schämen.
Es nützt nichts, und es schadet bloß,
sich tausend Dinge vorzunehmen.
Lasst das Programm! Und bessert euch drauflos!

Ja, so mag es gehen, einen Schritt nach dem anderen gehen, neugierig bleiben für die Überraschungen, die Gott für uns bereithält, für Chancen, die er uns vor die Füße legt, für

Menschen, die er uns an die Seite stellt – und für Herausforderungen, an denen wir wachsen können.

Und wenn Plan A nicht funktioniert, dann nehmen wir Plan B!

Wir müssen nicht ständig beweisen, dass wir etwas taugen. Wir mit unserem Handicap, mit unseren Macken und Defiziten, wir sind wichtig und richtig für diese Welt!

Wir müssen nicht wer weiß was alles in unsere Zeit hineinpressen, aus Angst, wir könnten etwas versäumen. Wir sind mit unseren Grenzen gut aufgehoben, dort, wo Zeit keine Rolle spielt!

Dietrich Bonhoeffer hat ein Lied geschrieben, das zu Silvester unbedingt für mich dazugehört:

Von guten Mächten wunderbar geborgen,
erwarten wir getrost, was kommen mag.
Gott ist mit uns am Abend und am Morgen,
und ganz gewiss an jedem neuen Tag.

Ich lebe mein Leben in wachsenden Ringen

Ab und zu bin ich im Seniorenheim »Sonnenhof« in Obernkirchen zu Gast, zum Gottesdienst am Mittwochmorgen.

Und ich bin sehr dankbar für diese Zeit. Ich lerne leben, werde wesentlich und, ja, ich sag's mal so pathetisch: demütig!

Die alten Menschen, die mir gegenübersitzen, sind unbeschreiblich lieb, dankbar und erwartungsvoll. Ich bin gerne bei ihnen. Sie brauchen keine Oberflächlichkeiten, sie brauchen keine brillanten Worte, das, womit man Menschen in jungen Jahren begeistern könnte. Sie brauchen etwas, das trägt, ein Licht im Inneren, das ihnen durch ihre Tage und Nächte leuchtet.

Ich bin immer ganz gerührt, wenn ich spüre, wie wichtig

das Auswendiggelernte im Alter ist. Die Engländer sagen so treffend »Learning by heart«. Ja, es geht darum, einen Schatz im Herzen zu haben. Sie müssten das mal erleben, wenn diese Menschen den 23. Psalm sprechen, bekannte Volkslieder oder »So nimm denn meine Hände« singen. Beim Segen sitzen sie ganz ergriffen da: »Sei behütet auf deinen Wegen, sei behütet mitten in der Nacht. Durch Sonnentage, Stürme oder Regen hält der Schöpfer über dir die Wacht« (Clemens Bittlinger). Wenn die äußeren Sinne auch stark eingeschränkt sind, scheinen die inneren doch umso offener zu sein. Für die äußeren Schritte haben sie eine Geh-Hilfe, was hilft ihnen jetzt auf den inneren Schritten, die sie zu gehen haben?

Im Alter, wenn wir fragen »Quo vadis – wohin geht der Weg«, dann brauchen wir Ewigkeit im Herzen. Seichte Unterhaltung trägt nicht mehr. Wir brauchen diese Geborgenheit, dass einer unsere Wege mit uns geht, dass kein Tag unseres Lebens vergeblich war, dass keine Liebe verloren geht, dass uns nichts trennen kann von dem guten Gott, der mit offenen Armen auf uns wartet und unserem Leben Sinn, Ziel und Einmaligkeit gibt, bei dem auch unser Scheitern gut aufgehoben ist.

Und dann sprechen wir über Engel und wissen uns »von guten Mächten wunderbar geborgen«. Wir sprechen über das Labyrinth von Chartres und unsere oft so verschlungenen Lebenswege. Wir sprechen über die weiße Rose von Rainer Maria Rilke und fragen, wovon ein Mensch leben kann. Wir sprechen über die Jahresringe einer Baumscheibe, gute und karge Lebensjahre.

Wenn wir alt werden, in dem Stadium, wo graue Haare und Falten nicht mehr das Thema sind, dann werden wir hoffentlich nicht starr und verbittert, sondern neugierig auf den Himmel. Goethe hat gesagt: »Im Alter werden wir Mystiker.« Ja, hoffentlich ist das so, dass wir dann Heimweh bekommen nach dem ewigen Zuhause und wissen: »Das Schönste kommt erst noch.«

Es steigen viele Fragen in mir auf, wenn ich im »Sonnenhof« bin. Ich wünsche mir, dass ich meine Mutter zu Hause begleiten kann im Alter. Aber was ist, wenn es über die Kräfte geht, die körperlichen und emotionalen Kräfte?

Ich weiß, welche Ängste ältere Menschen haben: Wer wird für mich da sein, darf ich in der gewohnten Umgebung bleiben, werden die, für die ich gesorgt habe, für mich da sein?

Allen Unkenrufen zum Trotz verleben die meisten Menschen ihr Alter zu Haus. Wie schön! Aber ich bin auch froh, dass es Häuser wie den »Sonnenhof« gibt!

Und wenn ich mal wieder einem Nöckelpott begegne, einem, der immer unzufrieden ist und jammert, der an allem was auszusetzen hat, dann würde ich ihn am liebsten mitnehmen in den »Sonnenhof«, in den Gottesdienst und auf die Pflegestation – zu einer Nachhilfestunde in Sachen »Ehrfurcht vor dem Leben«.

Ich habe große Achtung bekommen vor den alten Menschen, vor ihren Geschichten, vor ihrem Lieben und Loslassen müssen, vor ihrer Tüchtigkeit und Schwäche, vor ihrem Gelingen und Scheitern – und vor dem großen Rhythmus von Geborenwerden und Sterben.

Wie du lebst, das redet allemal lauter als das, was du sagst

Bevor ein Mensch den Mund aufmacht, hat er längst etwas gesagt.

Wir sprechen nicht nur mit Worten.

Auch unsere Haltung, unser Auftreten, unser Lebensstil und unser Gesichtsausdruck können Bände sprechen.

Stellen Sie sich vor, Sie würden einen Freund ganz euphorisch begrüßen mit den Worten: »Herzlich willkommen, schön, dass du da bist, ich hab mich so auf dich gefreut« – und dabei ständen Sie wie angewurzelt da und hätten die Arme vor der Brust verschränkt und keine freundliche Regung im Gesicht! Was stimmt denn nun? Das »Herzlich willkommen« – oder Ihre Haltung? Müssten Sie nicht eigentlich die Arme weit öffnen und strahlend auf den anderen zugehen, wenn Ihr Herz das auch meint, was Ihr Mund sagt?

Manche Menschen müssen kaum ein Wort sagen und haben uns schon gewonnen, allein durch ihre Ausstrahlung. Und andere können noch so viele kluge und große Worte machen, und es bleibt eiskalt um sie herum.

Unser Körper spricht seine eigene Sprache. Er hat sich längst mitgeteilt, bevor unsere Worte hinterherhumpeln können.

Ob ein Mensch mit sich selbst und der Welt im Reinen ist, das spürt man ihm ab, ob er uns wohlgesinnt ist oder nicht, das nehmen wir mit einer feinen Antenne wahr. Wie du lebst, das redet allemal lauter als das, was du sagst.

Unsere Außenseite und unsere Innenseite gehören unauflöslich zusammen.

Und der Körper spricht ständig von der Seele, davon, wie es um uns bestellt ist, wie es im Innersten aussieht, wie wir über Gott und die Welt denken.

Vor 2000 Jahren, da gab es in Korinth Christen, die sahen das etwas anders. Die sagten: »Was heißt hier, Körper und Seele sind eine Einheit?

Wenn das gilt, dass Gott uns gut ist, dass wir alle aus seiner Gnade leben, dann kommt es doch nicht auf äußere Formen kann. Dann sind wir frei, dann können wir unser Leben so gestalten, wie es uns passt!«

Es muss da wohl etliche gegeben haben, die sind zwar ständig zum Tempel gegangen, die waren fromm – aber gleichzeitig hatten die so einen richtig liederlichen Lebenswandel.

Sie haben über andere hergezogen und gelästert. Sie haben in ihre eigene Tasche gewirtschaftet und so manchen übers Ohr gehauen. Sie haben ständig mit dem Alkohol über die Stränge geschlagen. Und die Männer von Korinth betrachteten das als natürlichste Sache der Welt, im Tempel der Liebesgöttin, wo 1000 Prostituierte ihre Dienste anboten, aus- und einzugehen.

»Wie ich lebe, das ist meine Privatsache, da hat mir keiner reinzureden. Alles ist erlaubt! Ich bin frei!«

Wie ist das mit unserer Innen- und Außenseite, mit dem Geist und dem Körper? Wie gehören unser Lebensstil und unser Glaube zusammen?

Oder noch mal anders gefragt: Was hat ein öffentliches Amt, das ich bekleide, mit meinem ganz persönlichen Lebenswandel zu tun?

Es gibt auch heute noch Leute, die sagen, wir sollten das Äußere nicht überbewerten. Was zählt, sind allein die inneren Werte, das sind die Überzeugungen des Menschen.

Eine Lehrerin erzählte, sie habe Besuch von einer Urlaubsfreundin gehabt – und als die zum ersten Mal ihre Küche betreten hatte, da hat sie gesagt: »Es sieht so aus, als hättest du keine große Freude am Kochen!«

Ja, der Lehrerin war das Kleine, das Triviale, waren die Äußerlichkeiten nicht so wichtig, sie hatte etwas anderes, etwas Größeres im Kopf. – Und sie lächelte insgeheim über die Frauen, die so viel (wie sie meinte: übertrieben viel) Kraft, Zeit und Geld für die Gestaltung ihres häuslichen Umfelds investierten.

Ich weiß, wir schaffen nicht immer das, was wir uns vornehmen, ständig hinken wir hinterher.

Es gibt immer mehr zu bewältigen, als das, was wir leisten können.

Und wenn mir einer vorschwärmt: Du, bei der Gisela ist das immer so sauber, dass du vom Fußboden essen kannst, dann sag ich schon mal zu meiner eigenen Entlastung: »Och, weißte, bei uns musst du gar nicht vom Fußboden essen, wir haben einen Tisch!«

Oder: »Bei uns ist es so hygienisch, dass unsere Gäste getrost essen können, was wir ihnen anbieten, aber bei uns ist es gleichzeitig so gemütlich, dass sich alle so richtig wohlfühlen können!«

Es sieht um uns herum nicht immer so aus, wie wir es gerne hätten, »als wär's ein Bild von mir«!

Aber: Die Innenseite und die Außenseite gehören zusammen.

Was macht das mit uns, ob wir unserem Körper geben, was er braucht oder ob wir ihn vernachlässigen und überfordern, ob wir Ordnung in finanziellen Dingen und Dokumenten haben oder ständig etwas suchen müssen, ob unser Garten ein kleines Paradies ist oder ein Dschungel, ob wir wertvolle Beziehungen zu anderen Menschen pflegen oder sehr wenig für ein soziales Netz investieren, ob unser Äußeres etwas Schönes ausstrahlt oder nicht besonders einladend wirkt?

Fachleute vermuten, dass 65 % aller menschlichen Kontakte nonverbal verlaufen!

Wie wir leben, das redet allemal lauter als das, was wir sagen?

Man höre und staune, im Neuen Testament steht, dass unser Körper ein Tempel des Heiligen Geistes ist. Ein verwegener Gedanke!

Es ist, als würde Gott sagen:

Du, Mensch, du bist der Ort, in dem ich wohnen möchte, durch dich möchte ich hin zu den Menschen, mit meiner Liebe, meinem Trost, meiner Kraft, meinem Glanz.

Wir können Lebensgeschichten beeinflussen, durch Worte, Freundlichkeit und Zupacken.

Wir können andere anstecken mit Vertrauen, dass jemand, dem die Flügel lahm geworden sind, wieder gerne hier sein mag.

Wir können etwas anzetteln, dass gute Stimmung ist um uns herum, damit Zusammensein gelingen kann.

Wir können Babys und Bettlägerige windeln, zum Fest einladen, den Garten herausputzen, Leserbriefe schreiben ...

Es gibt so viel zu tun!

Der Schöpfer hat ganz viel an schöpferischen Kräften in uns hineingelegt, uns mit einer unbeschreiblichen Fantasie ausgestattet.

Sich bewegen bringt Segen

Unsere Nachbarn haben es gut, die haben einen Hund. Zwei- bis dreimal am Tag kommen sie für mindestens eine halbe Stunde an die frische Luft, bei Wind und Wetter – und gehen stramm spazieren.

Bewegung ist wie Medizin, wir hören es immer wieder. Sie baut die Selbstheilungskräfte des Körpers auf, bringt die Chemie des Gehirns besser ins Gleichgewicht als Medikamente, ist ein wirksamer Schutz gegen Missmut und Trübsinnsattacken. Es gibt kaum ein besseres Anti-Aging-Mittel als Bewegung!

Der Haken bei der Sache: Wer aus diesem Jungbrunnen trinken möchte, der muss sich anstrengen, runter vom Sofa! Wir sind genetisch immer noch auf das Leben der Jäger und Sammler programmiert, seit 10 000 Jahren – und mit dem vielen Sitzen und unserem faulen Lotterleben (was sportliche Betätigung angeht – nicht etwa das Sieben-Tage-Rennen der Hausfrauen!) verbrennen wir nicht genug Kalorien. Der Körper kann die Leberwurstbrote und Sahnetörtchen nicht abbauen und schafft sich ein Polster an Bauch und Po – für vermeintlich schlechte Zeiten.

Die Freundin mag liebevoll sagen: »Ach komm, was soll's, du brauchst jetzt einfach mehr Platz für deine inneren Werte!« – Wir werden lachen und trotzdem spüren, dass wir uns in unserer Haut nicht wohlfühlen und dass uns schneller als vorher die Puste ausgeht.

Bewegung steigert die Lebensqualität. Du fühlst dich besser, du traust dir was zu, du bist stolz auf dich, die Verdauung wird gefördert, der Cholesterinspiegel verändert sich positiv.

Du kannst sogar besser mit Kummer und Problemen »um-gehen«, wenn du eine Stunde durch den Wald läufst. Da löst sich manches.

Du kommst raus aus dem Schlaff-Sein!

Du wirst »laufend« Pfunde los.

Du kommst »laufend« auf gute Gedanken, wirst »laufend« drahtiger.

In Bewegung sein ist nicht nur für den Körper wichtig. Auch dem inneren Menschen tut das gut. Offen sein für Veränderungen, für neue Gedanken, neue Menschen und Aufbrüche.

Ich hab mich so gefreut, als eine Tischtennis-Freundin erzählte, dass sie sich jetzt mit 70 Jahren einen Laptop zugelegt hat und ganz gespannt ist auf die Entdeckung des Internets!

Wer sich zu gemütlich einrichtet in seinen vier Wänden, der vergisst schnell, dass wir alle Wanderer sind.

Wer zu sehr wohnen bleibt, der wird ge-wöhn-lich! Sich bewegen bringt Segen, schafft die Spannung, die nötig ist für die Herausforderungen, die auf uns warten.

Erika Pluhar singt: »Nur Stillstand und Versteinerung, die bringen niemals weiter.

Leben heißt Veränderung, sei neu und gehe weiter, weiter, weiter!«

Sind wir bereit für die Bewegung?

Ja, ich möchte mal etwas Neues ausprobieren, mal ganz andere Zeitschriften lesen als bisher, mich mal neben jemanden setzen, den ich noch nicht kenne, statt Wiener Schnitzel mal Tapas essen, und statt dezentem Grau mal leuchtendes Rot oder Blau tragen!

Die Zeit zu beginnen ist jetzt – der Ort für den Anfang ist hier

Was hatte ich früher für große Pläne im Kopf, was ich alles lernen, erreichen, bewegen, von der Welt sehen wollte – und vor allem: was morgen alles ganz anders laufen sollte ...

Inzwischen habe ich aus manchen Erfahrungen gelernt, bin bescheidener und nüchterner geworden.

Ich muss nicht alles können und wissen, aus dem Italienisch-Kurs wird wohl nichts mehr.

Ich muss nicht überall dabei sein, muss nicht überall mitmischen, nicht jeden guten Film gesehen haben.

Ich lebe von einem Tag zum anderen, nehme ihn als Kostbarkeit, als Geschenk!

Ich bin achtsamer geworden für die Menschen um mich herum. Was ich sagen möchte, das hebe ich nicht für ein nebulöses Morgen auf. Ich sage es heute, jetzt!

Lieber schreibe ich heute ein paar Zeilen auf eine Karte, als mir den großen Brief für eine ferne Zukunft vorzunehmen.

Lieber mache ich heute das Mittagessen zu etwas Besonderem, dekoriere Tisch und Teller liebevoll, anstatt auf die 50 Rezeptbücher zu schauen, deren Highlights ich irgendwann einmal ausprobieren könnte.

Lieber will ich heute ein Genießer von Vollmondnächten, Sonnenstrahlen, Kuschelstunden und Saunaabenden sein, als darauf zu warten, dass irgendwann der optimale Zeitpunkt für die schönen Seiten des Lebens kommt.

»Die Arbeit läuft nicht davon, während du einem Kind den Regenbogen zeigst. Aber der Regenbogen wartet nicht!«

Ich möchte die Gelegenheit beim Schopfe fassen, die Chancen nutzen, die dieser Augenblick, diese Begegnung für mich bereithält. Nein, ich will nichts mehr aufschieben! Die Zeit zu beginnen ist jetzt, der Ort für den Anfang ist hier! Das Heute braucht mich, dieser Moment. Das ist der Kairos, die unwiederbringliche Chance des Jetzt! Jetzt ist es Zeit, dass sich was dreht!

In jeden einzelnen Tag, der uns geschenkt wird, gehört etwas von dem, was wir uns unter einem guten, gelingenden Leben vorstellen. Worauf wollen wir denn warten? Wenn nicht heute, wann dann? Heute ist die einzige Zeit, die uns wirklich gehört.

Wenn das Leben sich von seiner guten Seite zeigt, dann möchte ich danken, mich freuen und strahlen. Wenn das Leben sich von seiner dunklen Seite zeigt, dann will ich mich meiner Traurigkeit und meiner Tränen nicht schämen und den Himmel bestürmen, dass er hilft! Ich höre in mich hinein, auf das, was meine innere Weisheit mir sagen möchte (von der ich ahne, dass sie Gottes Stimme ist!) – und dann wird sich alles finden! Ich will das Beste geben, was ich kann, will Spuren von Freundschaft, von Menschlichkeit und Gottvertrauen hinterlassen.

Die Zeit zu beginnen ist jetzt – der Ort für den Anfang ist hier!

Solang du in dir selbst nicht zu Hause bist, bist du nirgendwo zu Haus

Ja, lieber Peter Horton, so ist es!

Es gibt Menschen, die ruhen in sich selbst. Beneidenswert. Sie brauchen keinen Beifall, um sich gut zu fühlen. Sie knicken auch nicht gleich ein, wenn sie Gegenwind bekommen. Wie ihr Tag stimmungsmäßig aussieht, das legen sie nicht in die Hand von anderen Menschen, dafür stellen sie selbst die Weichen.

Diese Menschen sagen nicht Ja, wenn sie Nein fühlen, sie lächeln nicht, wenn ihnen zum Weinen zumute ist. Sie geben nicht jedes Mal erst eine Meinungsumfrage in Auftrag, bevor sie eine Entscheidung treffen. Nein, sie entscheiden selbst nach bestem Wissen und Gewissen – oder vielleicht auch aus dem Bauch heraus, wie sie ihren Weg gehen möchten.

Diese Menschen brauchen keine Entertainer und Animateure, um gut drauf zu sein. Sie sind mit sich und der Welt im Frieden – zufrieden eben! Sie betteln bei anderen nicht um Zuneigung. Sie gehen ihren Weg – und wer mitgehen möchte, der ist herzlich eingeladen. Sie beanspruchen keine Exklusivrechte bei anderen Menschen. Sie geben frei, weil sie selbst frei sein möchten!

Und dann sind da die anderen. Egal, wohin sie reisen, selbst wenn sie von einem Event zum nächsten »hoppen«, wie wir das heute nennen, immer wieder beschleicht sie das seltsame Gefühl: »Das Glück ist immer gerade da, wo ich nicht bin!« – oder: »Die Rosen in Nachbars Garten blühen stets üppiger als meine!«

Sie fühlen sich als Opfer: »Wenn ich einen anderen Partner hätte, wenn ich mehr Geld hätte, wenn ich nicht immer so angebunden wäre, wenn die anderen liebevoller mit mir umgehen würden ...«

Solche Menschen kommen nicht zur Ruhe, können nicht genießen, haben keine Freude am Hier und Heute. Weil sie mit sich selbst im Streite liegen – rebellieren sie auch gegen das, was ist, haben oft schlechte Laune und werden zum Dauernörgler.

Sie können sich nicht an dem freuen, was sie haben. Sie sehen ständig das, was fehlt oder was andere womöglich mehr haben als sie.

Und weil sie bei anderen um Liebe betteln, weil sie beim anderen das suchen, was sie in sich selbst nicht haben, werden sie immer wieder enttäuscht.

Für den Unzufriedenen gibt es keinen bequemen Stuhl.

Es gibt einen Satz, über den ich lange nachgedacht habe: »Solange ich im Leben eine Rolle spiele, spiele ich keine Rolle. Erst wenn ich keine Rolle mehr spiele, spiele ich eine Rolle!«

Bin ich in mir selbst zu Haus? Habe ich Freude an einem Rendezvous mit mir selbst? Habe ich den Ort gefunden, wo ich eins bin mit Gott und der Welt? Kann ich einwilligen in das, was ist, einwilligen in das, was ich bin, mir selbst eine gute Freundin sein?

Einen Schritt nach dem anderen

Kennen Sie auch solche Tage, an denen Sie nicht wissen, wie Sie ihr Pensum schaffen sollen? Nicht nur die Arbeit, die heute anliegt, nein, auch das, was nach unten zieht, worüber Sie sich Sorgen machen, was den Kopf viel zu voll und viel zu schwer sein lässt, was das Leben Ihnen an Traurigkeiten und Stolpersteinen zumutet?

In der Geschichte »Momo« von Michael Ende gibt es einen Straßenkehrer mit Namen Beppo. Den habe ich so richtig lieb gewonnen, an den versuche ich an jenen Tagen zu denken, wo es über meine Kraft geht.

Der Beppo musste immer ganz lange Straßen fegen. Stellen Sie sich mal vor, Sie stünden mit einem Besen auf dem Ku'damm in Berlin, auf den Champs-Elysees in Paris oder auf der Podbielskistraße in Hannover.

Beppo verrät uns sein «Fege-Geheimnis«, dass man nie an das Ende einer langen Straße schauen darf, weil einem das jegliche Motivation raubt.

»Mach immer einen Besenstrich nach dem anderen«, sagt Beppo, und er weiß, wovon er spricht. Versuche, in dir zu ruhen. Wenn dich einer anspricht, lass dich auf eine Begegnung ein. Wenn irgendwo Straßenmusikanten spielen, dann verpass das nicht, freu dich daran. Lass dich vom Blick auf die lange Straße nicht abhalten von den vielen Dingen zwischendurch, von deinem Leben.

»Und irgendwann, du weißt selbst nicht, wie, bist du am Ziel – und hast geschafft, was dir auf den ersten Blick unerreichbar schien.«

Beppo ist beim vielen Fegen weise geworden, zum Philosophen geworden (welche Frau wünschte sich das nicht!): »So, genau so, ist die Kunst des Fegens.«

Und ich möchte hinzufügen: So, genau so, ist die Kunst des Lebens. Ich gehe immer einen Schritt nach dem anderen. Ich konzentriere mich auf das, was ich jetzt, in diesem Moment tue. Ich nehme die kleinen Freuden am Wege wahr. Ich erwarte nicht das große Glück in einer fernen Zukunft, sondern habe ein Gespür für das kleine Glück direkt vor meinen Augen!

Ich will das Kleine, was jetzt möglich ist, tun. Und dann werde ich hoffentlich irgendwann staunen, dass ich dabei etwas Großes geschafft habe.

So hat eine liebe Freundin eine ganz schlimme Phase ihres Lebens gemeistert: Einen Tag nach dem anderen. Einen Augenblick nach dem anderen. Von Beppo können wir eine Menge lernen, wir Grübler und Bedenkenträger, wir »Macher« mit unseren Zeitmanagement-Seminaren, mit unseren prall gefüllten Terminkalendern, wir Überforderten und Gestressten, die nie ganz da sind, wo sie sind.

Ich setze einen Schritt nach dem anderen und gebe das Beste, was mir möglich ist.

Ich bin aufmerksam bei dem, was ich tue, ruhig, konzentriert – und tue eins nach dem anderen in genau der Zeit, mit der Aufmerksamkeit, die es braucht.

Und das alles im Vertrauen darauf, dass Gott an meiner Seite ist, als Kraft, Inspiration und Mutmacher.

Mehr gibt es nicht – aber mit weniger müssen wir uns nicht zufrieden geben!

Von 0 auf 42 – alles ist schwer, bevor es leicht wird

Können Sie sich vorstellen, in einem Jahr vom Sofa-Sportler zum Marathonläufer zu werden? Mal ehrlich.

Genau damit wirbt der virtuelle Lauftreff unter dem Motto: Von 0 auf 42.

Da sind Menschen, die wollten ihren zivilisations- oder altersbedingten 10 bis 20 Kilogramm zu viel und ihren Front-Airbags zu Leibe rücken, mit 50 Jahren die Puste zurückgewinnen, die ihnen ausgegangen ist.

Für mich klingt das recht utopisch, aber Frauen und Männer wie du und ich haben es mit dem Trainingsprogramm des Dr. Thomas Wessinghage tatsächlich geschafft, haben durchgehalten auf der Marathonstrecke.

Also los, es ist viel mehr möglich, als wir denken, wenn wir nur wollen und wenn wir's richtig anfangen!

Jeder hat mal klein angefangen.

Erinnern Sie sich noch an ihre ersten Versuche auf dem Fahrrad? Bis man da endlich die Balance halten, halbwegs sicher auf- und absteigen konnte. Bis man endlich den Lenker sicher regieren, vielleicht sogar mal einen Arm zum Zeichen geben ausstrecken konnte, das hat gedauert. Und heute ist Fahrradfahren das Selbstverständlichste von der Welt.

Alles ist schwer, bevor es leicht wird.

Erinnern Sie sich an die ersten Tanzstunden? Krampfhaft haben wir einen Schritt nach dem anderen gesetzt, immer auf die Füße geschaut und gezählt, die Anspannung stand uns im Gesicht geschrieben, die Hände waren feucht. Vom großen Einschwingen in den Rhythmus der Musik, vom Spaß haben, war da nicht viel zu spüren.

Und irgendwann ist uns das Tanzen in Fleisch und Blut übergegangen, zur Freude geworden.

Eine Bekannte hat mir erzählt, sie habe jetzt mit Ende 50 angefangen, Klavierunterricht zu nehmen. Das hat mir imponiert. Natürlich erreicht sie keine Bühnenreife mehr.

Natürlich wird sie kein Lang Lang, der mit fünf Jahren seinen ersten Wettbewerb gewonnen hat.

Aber sie kann einfache, bekannte Lieder spielen, die Enkelkinder beim Singen der Weihnachtslieder begleiten. Sie kann sich hinsetzen und ihre Stimmung in Musik ausdrücken.

Gibt es etwas, was Sie gerne lernen würden, was Sie lockt? – Fangen Sie doch einfach an.

Lassen Sie sich nicht aufhalten vom wirksamsten Klebstoff der Welt, vom Abfinden mit dem, was ist!

Lebenskünstler

Ich mag ihn, den Hans im Glück, diesen liebenswerten Lebenskünstler, der mit leichtem Gepäck und heiter durch die Welt geht.

Das Gold als Lohn für sieben Jahre Arbeit, das ihm mit der Zeit ziemlich schwer geworden ist, tauscht er gegen ein Pferd. Als das Pferd ihn abwirft, ist er froh, es gegen eine Kuh umtauschen zu können. Die Kuh tauscht er gegen ein Schwein, das gegen eine Gans, die wiederum gegen einen Wetzstein. Und am Schluss kommt er mit leeren Händen, aber sehr glücklich und dankbar, zur Mutter zurück, genau dorthin, wo sein Leben einmal begonnen hatte.

Hans hat immer das Geschenk in dem gesehen, was ihm der Augenblick geboten hat, die Chance des Jetzt genutzt, das, was für ihn dran war.

Er hat weder der Vergangenheit nachgetrauert noch sich hineingegrübelt in das, was die Zukunft eventuell noch für ihn bereithält. Am Ende hatte er nichts – und doch alles. Ein bisschen verrückt oder naiv war er schon, oder?

Aber nach seinen Maßstäben war sein Leben rund.

Ob wir das Zeug zum Lebenskünstler haben?

Es ist ja seltsam, wie verschieden die Menschen mit dem umgehen, was das Leben ihnen vor die Füße legt, mit diesem Cocktail an Gewinnen und Verlieren, Lieben und Loslassen müssen, spüren, wie Lebenskraft wächst und wie Lebenskraft abnimmt.

Warum bleibt der eine fixiert auf das, was er verloren hat, wo er gescheitert ist – und der andere kann sagen: »Es lohnt nicht, über verschütteten Wein zu klagen – sieh nach vorn!«

Warum ist für den einen jede Veränderung ein Graus, während andere sich bald mit dem Neuen anfreunden können?

Warum werden die einen durch das, was sie verloren haben, immer bitterer und die anderen weise und milde?

Wie wird man ein Lebenskünstler wie der Hans im Glück?

Er war bereit, Neues an sich heranzulassen,

Bin ich offen für die Überraschungen, die der Tag, die das Leben für mich bereit hält – oder hab ich Angst davor?

Man sagt, starre Äste brechen im Sturm, die, die elastisch sind, die kommen besser durch.

Bin ich eher starr oder elastisch?

Hans im Glück war dankbar für das, was er hatte – und trauerte nicht um das, was er losgelassen hatte.

Das ist schön, wenn man die Welt so sehen kann.

Das ist schön, wenn ein Mensch auf das Viele sieht, das ihm gelungen ist und nicht auf das Wenige, was nicht gut gelaufen ist.

Das ist schön, wenn ein Mensch mehr auf das sieht, was sein Leben reich macht, als auf die kleinen Mängel, die kleinen Wermutstropfen.

Hans im Glück hat etwas Heiteres.

Er zeigt uns: Alles im Leben ist Last und Chance zugleich, und jeder Mist, mag er noch so stinken, hat das Zeug zum Dünger.

Hans im Glück konnte den Tag, auch den normalen, zum Feiertag erklären, er war mit leichtem Gepäck unterwegs!

Ich würde gerne ein Lebenskünstler werden, einer, der sich auf die Überraschungen Gottes einlassen mag.

Jemand hat gesagt:

Ich erwarte, dass ich nur einmal durch diese Welt gehe.
Deshalb will ich alles Gute, das ich tun kann, jetzt tun.
Deshalb will ich alles Schöne, was mir begegnet,
  wahrnehmen und genießen.
Deshalb will ich jede Freundlichkeit, die ich einem
  Menschen erweisen kann, jetzt erweisen.
Ich will es nicht verschieben und nicht übersehen,
denn ich werde den gleichen Weg nicht zurückkommen!

Frühwarnsysteme der besonderen Art

Laut Internet-Lexikon »Wikipedia« ist ein Frühwarnsystem »eine Einrichtung, welche aufkommende Gefahren
frühzeitig erkennt und Gefährdete möglichst schnell darüber informiert. Sie soll ermöglichen, durch eine rechtzeiti-
ge Reaktion die Gefahr abzuwenden oder zu mildern«.

Es gibt Rauchmelder, Seismographen für Erdbeben und
Tsunamis.

Ich bin froh, dass ich in meinem Auto einen Glatteis-
melder habe und ein Signal, das anzeigt, wenn ein Ab-
blendlicht kaputt ist.

Im militärischen Bereich kennen wir die Luftraumüber-
wachung AWACS, im wirtschaftlichen Bereich Experten,
die negative Tendenzen eines Unternehmens erkennen und
damit eventuell einen Konkurs verhindern können.

Im medizinischen Bereich gibt es diverse Vorsorgeunter-
suchungen, die für viele Menschen zu einem Segen geworden sind.

Frühwarnsysteme sind sinnvoll, manchmal lebenswich-
tig!

Ich kenne ein besonderes Frühwarnsystem, das sind die
(Land)Frauen.

Sie sind mit dem großem Rhythmus des Lebens überein,
zwischen geboren werden und sterben, blühen und verwelken, säen und geduldig auf Segen warten müssen. Das

schafft eine Weisheit der besonderen Art. Manchmal hören sie sogar die Flöhe husten!

Sie haben eine ganz feine Antenne, einen siebten Sinn für alles, was dem Leben guttut und was Leben kaputtmacht, sie spüren intuitiv, ob auf einer Entwicklung ein Fortschritt liegt oder ob man im Nachhinein sagen muss: Wie konnten wir nur so dumm sein! – Was haben wir uns da bloß eingebrockt? Die Geister, die ich rief, die werd ich nun nicht wieder los!

Manchmal weiß der Bauch mehr als der Kopf. Ich habe das ausprobiert. Wir spüren, ob etwas stimmig ist oder nicht!

Horchen Sie mal in sich hinein bei Begegnungen. Wie fühlt sich das an?

Horchen Sie mal in sich hinein nach einem langen Tag. Wie fühlt sich das an?

Ich bin ein so genannter »Kopfmensch«, aber es wird mir immer mehr bewusst: Der Bauch weiß mehr als der Kopf!

Das Frühwarnsystem der (Land)frauen ist wichtig.

Wir hören nicht nur von demografischen Entwicklungen, dass immer weniger Kinder geboren werden. Wir spüren, was das heißt, wenn Menschen die Freude an Kindern, die Lust auf Leben und Zukunft abhanden kommt. Wir spüren, dass die Menschlichkeit einer Gesellschaft daran abzulesen ist, wie sie mit Kindern und alten Menschen umgeht!

Wir spüren als Mütter und »große Mütter«, dass zwar alles Leben von uns gestaltet wird, aber letztlich von Gott kommt! Der Mensch darf nicht vergessen, wo er Maß nehmen muss für sein Tun und Lassen, damit das Zusammenleben gelingt und nicht im Chaos endet.

Die Experten haben es bestätigt, der Klimawandel ist eine Folge unseres Umgangs mit der Schöpfung. – Wir spüren, dass der Mensch in vielen Bereichen sein Maß überschritten hat, so gelebt hat, als habe er eine zweite Welt im Kofferraum.

Es ist an der Zeit, die Ehrfurcht vor dem Leben wieder zu entdecken.

Für die Entwicklungen, die uns heute möglich sind, brauchen wir auch eine entsprechende Ethik.

In der Schule haben wir seinerzeit das Gedicht vom Herrn von Ribbeck auf Ribbeck im Havelland gelernt, der eine Birne mit ins Grab genommen hat, damit ein Birnbaum wachsen kann.

Wir spüren heute, wie wichtig das ist, an die zu denken, die nach uns kommen. Nachhaltigkeit ist das Thema, das uns bewegt.

Wir spüren so vieles als Mütter und »große Mütter«. Diese Welt braucht nicht nur Bilanzen, Hochrechnungen und Fakten, sie braucht die Rückkehr der Intuition.

Zukunftswerkstatt Familie

Wenn wir über Werte sprechen, dann steht einer ganz oben auf der Liste der Top Ten: Die Familie als Zukunftswerkstatt, als Ort, wo die Weisheit des Lebens weitergegeben wird und wichtige Kulturtechniken eingeübt werden.

Die Familie ist das warme Nest, in dem im Menschen ein Urvertrauen ins Leben wachsen kann. Er spürt: Wir können uns aufeinander verlassen. Gemeinsam packen wir es eher, das Leben zu meistern mit allem, was dazu gehört.

Früher sagte man: Blut ist immer dicker als Wasser! Der Zusammenhalt einer Familie ist etwas Besonderes!

Beim Mensch-ärger-dich-nicht-Spiel lernen schon kleine Kinder, mit Gewinnen und Verlieren umzugehen. Das ist wichtig! Lassen Sie Ihre Kinder oder Enkel bloß nicht aus lauter Nettigkeit gewinnen. Die Rausschmisse beim Spiel sind ein gutes Training für die Niederlagen des Lebens.

In der Familie lernt der Mensch Alltagskompetenz. Er lernt mit Pleiten, Pech und Pannen umzugehen und so zu streiten, dass man sich hinterher wieder fröhlich in die Arme nehmen kann.

Konfliktmanagement gibt es zum Nulltarif, angefangen vom aufgeschlagenen Knie des kleinen Jungen bis hin zu der Nachricht, dass der Papa im nächsten Monat keine Arbeit mehr haben wird.

Für soziale Kompetenz gibt es ein weites Übungsfeld, das wissen wir alle. Es ist nicht immer leicht, mit allen auszukommen. Jede Familie hat ihre komischen Käuze, irgendeinen wunderlichen Onkel oder eine schwierige Tante. Man muss sich arrangieren. Wir können keinen umtauschen, wir werden ihm immer wieder begegnen.

Wie gelingt uns mit einer großen Portion Humor die Umsetzung des bekannten Ausspruchs von Konrad Adenauer: »Nehmen sie die Menschen, wie sie sind, es gibt keine anderen«?

In der Familie lernt man Umgangsformen, Manieren. Zuverlässig und pünktlich, ehrlich und höflich sein, Respekt vor der Würde des Menschen und Ehrfurcht vor dem Leben haben.

Und was Hänschen zu Hause nicht gelernt hat, das muss Hans später für viel Geld in kostspieligen Seminaren nachholen, bei denen »Soft skills«, emotionale und soziale Kompetenz vermittelt wird, Eigenschaften, auf die in der Berufswelt wieder zunehmend Wert gelegt wird.

Wenn einer krank und alt ist in der Familie, dann möchte er wissen, dass er nicht allein gelassen wird. Vielleicht ist das die größte Angst des Menschen, dass er niemanden hat auf Wegen, die er allein nicht schaffen kann.

Egal wie, ob in einer Wohngemeinschaft, wie sie der ehemalige Bremer Bürgermeister Henning Scherf so positiv propagiert, ob im Seniorenheim oder zu Hause, im nach wie vor größten Pflegedienst Deutschlands: Der Mensch ist des Menschen beste Medizin, und es ist seiner nicht würdig, wenn das Maß von Zuwendung in einem Minutentakt geregelt wird – wie bei der Pflegeversicherung!

Und wenn gestorben wird, dann lernt man in einer Familie hoffentlich, dass der Tod zum Leben dazugehört.

Ich darf einschlafen, wenn ich müde bin, nach nebenan gehen, wo es Antworten gibt auf alle Fragen, die mich gequält haben, wo vollendet wird, was ich nicht vollenden konnte.

Ab und zu gehen die Mama oder Oma zum Friedhof und pflegen das Grab vom Opa. Das Verbundensein, das Aneinander-Denken, das Liebhaben hört nicht auf. Wir sind eine Familie.

Wir gehören zusammen.

Die Familie ist hoffentlich eine Erzählgemeinschaft. Mit den Märchen wird die Weisheit der Welt weitergegeben. Die Eltern und Großeltern erzählen von Träumen und Scheitern, von Ideal und Wirklichkeit, Liebe und Enttäuschung.

Das wollen Kinder wissen: Wie bist du durch schwierige Zeiten gekommen, was hast du gewagt, für welches große Ziel hast du gelebt, welche Angst treibt dich um – und wenn du noch einmal neu anfangen könntest, was würdest du vielleicht anders machen?

Ich bewundere Menschen, die erzählen können, die das, was sie erlebt haben, aufbrezeln können zu jener bunten Mischung aus Dichtung und Wahrheit!

Wenn es gut geht, bleiben wir einander in der Familie nicht ein unbekanntes Wesen, sondern werden zu einer Erzählgemeinschaft.

Auf jeden Fall gilt: Die Familie, egal, in welcher Gestalt sie heute gelebt wird, ist die wichtigste Zukunftswerkstatt unserer Gesellschaft. Hier entscheidet sich, wie die Welt von morgen aussehen wird.

Es gibt große und kleine Geister in dieser Welt!

Während einige in der Lage sind, den Weg einer Raumfähre zum Mond zu berechnen – oder ein Navigationssystem fürs Auto zu entwickeln, quält sich unsereins schon mit einer Gebrauchsanweisung für den Elektroherd mit Automatik und mit relativ einfachen Sudoku-Versionen.

Während einige die großen Zusammenhänge in Politik, Wissenschaft und Wirtschaft durchschauen und gestalten können, sind wir schon zufrieden, wenn wir halbwegs auf dem Laufenden bleiben bei dem, was um uns herum geschieht.

Es gibt einige, die beschäftigen sich mit der Weisheit der Welt, mit tiefsinnigen Gedichten und Philosophien – und wir brauchen manchmal nicht mehr als einen schönen Spielfilm und die Lebenshilfe-Artikel aus der HÖR ZU.

Es gibt große und kleine Geister in dieser Welt!

Die einen schreiben in der Schule eine Zwei nach der anderen, ohne viel dafür tun zu müssen und die anderen büffeln und büffeln – und kommen nie über das Mittelmaß hinaus.

Es gibt Menschen, die haben eine große Ehrfurcht vor dem Leben. Sie fragen danach, wie wir behutsam mit dieser Erde umgehen müssen, damit wir, wenn wir sie an unsere Kinder und Enkel weitergeben, mit gutem Gewissen sagen können: Wir haben das Beste getan, was uns möglich war.

Und es gibt andere, die schauen nur auf das Jetzt, fragen, wie sie das Beste für sich herausholen können. »Nach mir die Sintflut!«

Einige sind sensibel für das, was um sie herum geschieht, sie spüren, wie es einem Menschen geht, was er zwischen den Zeilen sagt – und andere poltern los, treten auf wie der berühmte Elefant im Porzellanladen, reden mit vielen Worten am Nächsten vorbei.

Es gibt kleine und große Geister in dieser Welt!

Wir sind beiden schon begegnet und wir tragen beides in uns!

Wenn Sie in ein Haus kommen, dann spüren Sie recht bald, welcher Geist da weht.

Schauen Sie mal hin, wie die Familienmitglieder miteinander umgehen, wie sie miteinander sprechen, wie sie ihr Zuhause gestaltet haben, wofür sie Zeit, Mühe und Geld investieren, ob da Enge und Krampf ist oder Weite und Freiheit!

Und wenn wir eine Zeitlang mit einem Menschen zusammen sind, dann werden wir schnell wahrnehmen, »wes Geistes Kind« jemand ist, wie einer über Gott und die Welt und die Menschen redet, ob einer verzeihen kann oder nachtragend ist, ob er andere beachtet und wert achtet oder herablassend über sie spricht …

Wes Geistes Kind jemand ist, das spüren wir daran, wie er mit Konflikten und Leid, mit dem Altwerden, mit den Herausforderungen des Lebens umgeht, ob er Frieden oder Unruhe stiftet.

Wir kennen Menschen, die verbreiten etwas Positives, Heiteres, wo immer sie auftauchen.

Sie können einem, der es gerade schwer hat, das Leben als gut dolmetschen.

Sie machen Mut, wecken Lebensgeister, nehmen mit einem guten Schuss Humor mancher Situation ihre Schärfe.

Und wir kennen genau das Gegenteil: Menschen, die etwas Negatives verbreiten, einen Hauch von Tristesse, ständige Unzufriedenheit, Aggressivität, etwas, das nach unten zieht!

Es gibt große und kleine Geister in dieser Welt!

Wie einer auftritt und redet, wie einer was anpackt und gestaltet, das zeigt an, wes Geistes Kind wir sind.

Und dann gibt es da noch den besonderen Geist, den Heiligen Geist!

Viele haben damit Schwierigkeiten.

Der Geist Gottes hat aus dem Nichts eine ganze Welt erschaffen, er lässt jeden Tag mit allerhöchster Präzision die Erde um die Sonne kreisen.

Dieser Geist hat beschlossen, dass es diese Welt ohne Sie und mich nicht geben sollte.

Der Geist Gottes, der die Lachse veranlasst, dass sie mehrere 1000 Kilometer in fremde Meere wandern, um dann nach Jahren wieder in die heimischen Gewässer zurückzukehren, dieser Geist kann einen Menschen wachrütteln, trösten, mit Begabung ausstatten und losschicken zu bestimmten Aufgaben.

Der Geist Gottes, der die Vögel im Winter zielsicher nach Süden führt und dann wieder zurück in die Heimat, dieser Geist kann den berühmten Funken der Liebe zünden, kann einem Menschen Einsichten schicken, kann einem Wesen, über das zum Schluss gesagt wird »Asche zu Asche, Staub zum Staub«, die Weite des Himmels ins Herz pflanzen!

Gott ist nicht eingesperrt zwischen den Buchdeckeln einer Bibel.

Der ist am Wirken, der spannt leise seine Fäden, der bringt was in Bewegung im Menschen, der traut uns was zu, der bereitet etwas vor, der führt uns mit bestimmten Leuten zusammen, der verbindet lauter Individualisten zu einem Team! Ein Wunder!

Und das geschieht durch den Geist.

Wir können ihm sagen, was uns unter den Nägeln brennt, dass wir manchmal vorn und hinten nicht zurechtkommen mit dem, was uns aufgepackt wird.

Wir können Gott reinholen in unsere Wirklichkeit!

Und dann?

Nach einem Streit verkrieche ich mich nicht in die Schmollecke, sondern gehe noch mal auf den anderen zu!

Eine Frau, die das Leben hart und bitter gemacht, die kann endlich mal rausweinen, was passiert ist – anstatt alles in sich hineinzufressen, alles unter Verschluss zu halten!

Das junge Mädchen lässt sich von den bedrückenden

Nachrichten in dieser Welt nicht davon abhalten, Krankenschwester zu werden.

Das, was sie ausrichten kann, wird nicht mehr sein als ein Tropfen auf dem heißen Stein, aber mit ihrem Einsatz zeigt sie an, dass Liebe größer ist als alles Leid!

Der Geist Gottes ist die Energiequelle, aus der wir schöpfen können, damit wir nicht so schnell erschöpft sind.

Hier gibt's immer Nachschub.

Der eine bekommt Kraft, um endlich was anzupacken, sich etwas zu trauen – und der andere bekommt die Gelassenheit, um tragen und ertragen zu können, was nicht zu ändern ist.

Dem einen wird das Gewissen wachgerüttelt, dass ihm etwas nahe geht, was ihn vorher kalt gelassen hat – und der andere, der unter seinem schlechten Gewissen leidet, der was verbockt hat, dem was in die Brüche gegangen ist, der wird getröstet!

Der Geist Gottes holt den einen, der sich ständig klein macht, raus aus seinen Komplexen – und den Überheblichen holt er zurück auf den Teppich!

Und wenn wir mit einem Menschen nicht klarkommen, an jemand nicht herankommen, das Gefühl haben, mit dem, was wir sagen, gegen eine Wand zu reden: Wir können den Geist bitten, dass er dem anderen Erkenntnisse gibt, dass er etwas zusammenwebt, worauf wir im Moment keinen Einfluss haben. Das geht!

Unser Wort »enthusiastisch«, das heißt wörtlich übersetzt:

In Gott sein! Be-geist-ert sein!

Das hat was, wenn ein Mensch Gott reinholt in sein Leben, wenn er weiß: »Es geht durch unsere Hände, kommt aber her von Gott.«

Leben ist Geschenk!

Ich muss das nicht alleine wuppen!

In mein Verstehen und Nicht-Verstehen mischt sich Geist von Gott, das lässt mich anders durch die Welt gehen.

Wenn dieser Geist in mir wirkt, »wind of change« wird, dann putzt mir das die Augen zu einer neuen Wirklichkeit, dann habe ich Zugang zum Trost der Ewigkeit, während mich die Erde manchmal das Heulen lehrt.

Hier ist die Kraft, die über meine eigenen Kräfte weit hinausgeht, die mich zum Guten antreibt, die mich verantwortlich macht für das Gelingen des Lebens, die meiner Schwachheit auf die Beine hilft und die mich zur Liebe beflügelt.

Es gibt kleine und große Geister in dieser Welt.

Wir sind beiden schon begegnet und wir haben beides in uns.

Was einen Menschen zu etwas Besonderem macht, ist, wenn er darum bittet, dass Gottes Geist in seinem Leben zur treibenden Kraft, zur Quelle für ganz viel Kreativität, guten Ideen, Trost und Mumm wird.

Der kleine Mann im Ohr

Ich bin jetzt in einem Alter, wo bewundernde Blicke von jungen Männern zur Rarität werden. Das ist völlig okay, damit kann ich umgehen.

Aber wenn ich im Zug unterwegs bin und das neueste Modell eines I-Pod auspacke, dann schauen die Herren schon mal wohlwollend herüber. Da steht ihnen ein »Wow« im Gesicht geschrieben.

Und dann sitzen wir da im Zug alle mit unserem Knopf im Ohr. Schon verrückt! Früher hat man sich mit dem Banknachbarn angeregt unterhalten, vielleicht irgendwelche gemeinsame Interessen oder Bekannte entdeckt, zum Abschied Telefonnummern ausgetauscht oder »im Zug nach Osnabrück das große Glück« gefunden! Heute sind wir für solche Formen der Kommunikation nicht mehr frei – jeder hört das Seine. Heavy Metall, Jazz, La Traviata, Andrea Berg oder gregorianische Gesänge. Einer entspannt beim autogenen Training, ein anderer will per Autosuggestion ein paar Kilos verlieren, ein dritter begleitet Hape Kerkeling auf seinem Weg nach Santiago de Compostela und ein vierter ist hingerissen von Goethes »Faust«.

Manchmal schaue ich die Menschen an und überlege, was sie wohl gerade hören, wovon sie sich prägen lassen. Womit füttern sie ihren Geist und ihre Seele? Was ist ihnen wichtig und was nicht? Wie hat man ihnen die Welt gedeutet?

Was wir durch das Ohr an uns heranlassen, das wirkt auf unser Innerstes, webt mit an unserer Einstellung, an unserem Weltbild. Worte können aufbauen oder Angst einjagen. Sie können Glücksgefühle hervorlocken oder zur Schnecke machen. Sie können ermuntern oder bremsen, liebevoll sein oder brutal. Das, was wir hören und lesen, kann uns provinziell sein lassen oder einen weiten Horizont eröffnen.

Was lassen wir an uns heran? – Und wie reden wir mit uns selbst?

Zur Zeit des Odysseus gab es die »Sirenen«. Das waren der Sage nach Nymphen, welche die vorbeifahrenden Seeleute mit ihrem Gesang betörten. Verführen wollten sie, aber nicht so nett, wie wir meinen könnten, nein, sie wollten die Seeleute ans Ufer locken, um sie zu töten!

Odysseus wusste um diese Gefahr. Was tat er? Er ließ seinen Begleitern die Ohren mit Wachs verschließen und sich selbst an den Mast des Schiffes binden. So mussten sie den »Sirengesängen« nicht gehorchen.

Was ist Sage, was ist Wahrheit. Wer weiß das schon genau. Vielleicht waren die Gesänge der Sirenen ja irgendwelche heulenden Seelöwen. Auf jeden Fall wird deutlich, dass schon die Menschen im Altertum etwas darüber wussten, dass wir beeinflussbar sind von dem, was wir hören.

Was lassen wir an uns heran? Hoffentlich ganz viele Worte, die uns an unsere Größe und Einmaligkeit erinnern, die Himmelsglanz in Alltagsstaub bringen, die uns locken zu Freiheit, Lebendigkeit, Liebe und Zivilcourage. Hoffentlich hören wie immer wieder Worte, die Ewigkeit in sich tragen, Tröste-Kraft besitzen, müde gewordene Menschen wieder munter machen!

Wir können zu einem großen Teil selbst bestimmen, wem wir unser Ohr schenken, wie wir mit uns selbst sprechen und in welchem Maße wir den leisen Stimmen in uns selbst Aufmerksamkeit schenken.

Ist heute Donnerstag oder Sommer?

»Drei Dinge kann ich mir nicht merken: Das eine sind Zahlen, das andere sind Namen und das dritte habe ich vergessen!« Mit diesem Satz hat der Schauspieler Curt Goetz Situationen gemeistert, in denen sich Gedächtnislücken bei ihm auftaten, er den berühmt-berüchtigten Blackout auf der Bühne hatte. Natürlich hatte er die Lacher stets auf seiner Seite. Wer kennt das nicht mit der Vergesslichkeit. Das ist so menschlich und sympathisch!

Wir spielen Trivial Pursuit und ich bin erschrocken, wie wenig Ereignisse und Namen ich aus den letzten zehn Jahren in Erinnerung habe. Ja, das, was man Langzeitgedächtnis nennt, das funktioniert bestens. Noch heute erinnere ich mich lebhaft an die Eiskunstlauf-Duelle von Kilius/Bäumler gegen die Protopopovs aus der Sowjetunion. Aber wie hieß doch gleich unser Bundestagspräsident?

Ich treffe Menschen, deren Gesicht mir bestens vertraut ist – aber wie war doch gleich ihr Name? Wo und in welchem Zusammenhang ist mir dieser Mann, diese Frau schon einmal begegnet? Zum Glück habe ich jetzt von diesem Trick gehört, das Alphabet langsam von A bis Z durchzugehen und womöglich dieses Wunder zu erleben, dass es Klick macht. Auf einmal kommt die Erleuchtung. Wie hieß doch gleich die neue Tagesthemen-Moderatorin? Genau, da war etwas mit M. Miosga, Caren Miosga aus dem niedersächsischen Groß Ilsede.

Ist das jetzt alles ein Vorbote vom Schreckgespenst Alzheimer? Sind die Arterien schon vom Kalk verengt, werden wichtige Meldungen nicht mehr weitergeleitet? Brauche ich jetzt Gingko, Bärlauch, zwei bis vier Äpfel und zwei Liter Flüssigkeit täglich, ganz viel Bewegung an der frischen Luft, damit mein Oberstübchen besser durchlüftet und durchblutet wird? Soll ich mich beim Gehirn-Jogging (Ist heute Donnerstag oder Sommer?) anmelden, regelmäßig Kreuzworträtsel und Sudokus lösen und jede Woche ein Gedicht auswendig lernen? – Warum nicht!

Vielleicht ist das Vergessen aber auch ein Schutzmechanismus! Das Gehirn meldet: »Ich hab keine Lust, mir das alles zu merken. Das ist so viel, was auf dich einströmt. Ich brauche freien Speicherplatz fürs Wesentliche – das andere lösch ich ganz schnell wieder!«

Wissen Sie noch? Zu Uwe Seelers Zeiten kannten wir die Spieler der Fußballnationalmannschaft alle mit Namen, Rückennummer und Lebensgeschichte. Die Jungs waren uns so vertraut wie unsere Verwandtschaft, über Jahre haben sie uns begleitet!

Wer kann sich heute diese ständig wechselnden Namen von Fußballspielern, Boygroups, Soap-Darstellern merken? Und: Die Frau von Uwe Seeler heißt Ilka, auch heute noch – was müssten wir uns bei anderen Fußballspielern, Fernsehgrößen und Bekannten heute alles merken?

In dem wunderschönen Abendlied von Matthias Claudius heißt es: »Wie ist die Welt so stille und in der Dämmrung Hülle so traulich und so hold als eine stille Kammer, wo ihr des Tages Jammer verschlafen und vergessen sollt!«

Vergessen kann auch etwas Heilsames sein, kann wohltun, kann schützen und befreien. Ja, manches Leidvolle und Peinliche und Belastende, das mag ich gern vergessen.

Die Ärzte haben uns gesagt: Es ist gut, dass wir zu manchen Zeitfenstern keinen Zugang haben.

Aber wenn man nun wirklich viel Wichtiges zu bedenken hat, in der Familie, im Beruf, im Ehrenamt – und das Gedächtnis zunehmend einem Sieb gleicht, was dann?

Von meiner Freundin Susann habe ich etwas abgeschaut, was mir seit Jahren eine wertvolle Hilfe ist: Susann hat eine Kladde, in die sie alles einträgt, was sie bedenken, ansprechen und erledigen muss, auch Nebensächlichkeiten. Und was sie erledigt hat, das streicht sie durch.

So ist der Kopf frei, sie hat schwarz auf weiß vor sich, was sonst so leicht durchrutscht. Das schafft Freiräume, Sicherheit, ein gutes Gefühl.

Auch wenn wir nachts nicht schlafen können, weil uns alles Mögliche einfällt und die Ruhe raubt: Wir können es aufschreiben, dann wissen wir es gut aufgehoben, können uns am nächsten Tag darum kümmern und vorerst in aller Seelenruhe weiterschlafen.

Susanns Kladde ist eine tolle Idee für Menschen, die viel im Kopf haben (müssen). Sie schafft Raum für das Wesentliche, für das, was wir nun wirklich nicht vergessen sollten, z. B. dass das Leben eine Kostbarkeit ist!

Domino Day

Es ist faszinierend. Über drei Millionen Domino-Steinchen sind in einem Zeitraum von acht bis neun Wochen aufgebaut worden – und dann wird eines angestoßen und löst die »größte Kettenreaktion der Welt« aus. Es entstehen auf wunderbare Weise Bilder und Motive, die niemand für möglich gehalten hätte! Den Domino Day gibt es seit 1998.

Wissen Sie, was mich bewegt? Stellen Sie sich mal vor, dass alles, was wir tun oder nicht tun, dass alles, was wir sagen oder nicht sagen, Auswirkungen auf die Gestalt dieser Welt hat.

Ja, ich bin nur ein kleines Steinchen, aber ich gehöre mit zur großen Kettenreaktion der Welt. Es gibt kein isoliertes Handeln. Wir Menschen sind alle miteinander verbunden.

Ich hatte dem Wort, das ich zu einer Bekannten gesagt habe, keine große Bedeutung beigemessen. Leute, man kann doch nicht alles auf die Goldwaage legen. Aber diese Bekannte hat es traurig gemacht, sie zieht sich zurück und zweifelt an sich selbst!

So, wie ich selbst durch andere ermutigt oder verunsichert worden bin, so kann ich auch beides: andere zum Leben locken und aufblühen lassen – oder sie verunsichern, kränken und klein machen.

Ich kann Weichen stellen bei anderen Menschen, durch den Mut, den ich ausstrahle, oder durch meine Gleichgültigkeit und Skepsis.

Mein Lachen und die miese Stimmung, die ich verbreite, rufen Reaktionen hervor. Ich kann jemand mit meiner Zuneigung und meinem Interesse aus der Reserve locken. Ich kann ihn an meiner Kälte erfrieren lassen.

Man sagt, wenn ein Schmetterling in der Karibik mit seinen Flügeln schlägt, dann hat das Auswirkungen auf die Erdatmosphäre. Ob das stimmt?

Alles, was ich tue und nicht tue, löst etwas aus. Wie oft hören wir im Nachhinein Geschichten von wundersamen Verflechtungen und Entwicklungen, an denen wir beteiligt waren, ohne es zu wissen.

Ich denke an jene anrührende Geschichte von Winston Churchill, dem ehemaligen britischen Premierminister.

Als er ein junger Mann war, badete er in einem See. Nach einiger Zeit bekam er einen Krampf im Bein und wäre fast ertrunken, wenn nicht ein Bauernjunge, der in der Nähe arbeitete, seine Hilfeschreie gehört, ihn aus dem Wasser gezogen und wiederbelebt hätte.

Aus Dankbarkeit wollte sich die Familie Churchill dem Bauernjungen erkenntlich zeigen und finanzierte ihm seinen Lebenstraum. Er wollte gerne Arzt werden.

Als Churchill sich im 2. Weltkrieg im Mittleren Orient mit dem amerikanischen Präsidenten Roosevelt und dem russischen Machthaber Stalin traf, erkrankte er an einer schlimmen Lungenentzündung. Es musste ein Medikament aus England eingeflogen werden: Penizillin.

Und wissen Sie, wer dieses Penizillin entwickelt hatte? Dr. Alexander Fleming, jener Bauernjunge, der Winston Churchill schon einmal das Leben gerettet hatte.

Diese Welt ist voller Geschichten. Wir sind alle miteinander verwoben.

Ich freue mich jetzt schon darauf, wenn wir später einmal erfahren werden, wie alles zusammengehörte, was aus unseren Begegnungen gewachsen ist, was manche Worte oder Blicke ausgelöst haben.

Bis dahin möchte ich sehr achtsam sein. Ich möchte mir immer wieder klarmachen, das alles, was ich tue und nicht tue, von einer enormen Tragweite ist – und das alles mit allem zusammenhängt.

Bewusster wahrnehmen, was ist – Tagebuch schreiben

Die ältere Dame kam mit einem dicken Album zum Seminar. Im Laufe vieler Jahre hatte sie Gedichte, Geschichten und Lebensweisheiten gesammelt und kommentiert.

Es war einiges zusammengekommen von Glück und Leid in ihrem Leben. Das war ein kostbarer Schatz, in den sie uns Einblick gewährte.

Ich habe auch ein Tagebuch, in dem ich Erkenntnisse sammle, Fotos, Eintrittskarten, Ideen, wertvolle Gedanken.

Ich schreibe auf, was Glanz in mein Leben gebracht hat, welche Menschen mich berührt und welche Nachrichten mich aufgerüttelt, froh gemacht oder umgehauen haben.

Irgendwo habe ich gelesen: »Wenn die Menschen mehr Tagebücher schrieben, würde sich mancher Gang zum Therapeuten erübrigen.«

Kann man das so sagen?

Auf jeden Fall ist es befreiend, wenn wir uns etwas von der Seele schreiben. Wo sonst dürfen wir so radikal ehrlich sein?

Da ist keiner, der etwas wertet oder der sich empört, wenn wir Gefühle äußern, die niemand bei uns vermutet hätte. Da ist keiner, der den drohenden Zeigefinger erhebt, wenn wir etwas falsch gemacht haben, der weiterplaudern könnte, was wir an intimsten Geheimnissen von uns preisgeben.

Es darf alles sein. Ich muss nicht schreiben, wie ich sein sollte. Ich darf schreiben, wie ich wirklich bin!

Träume, Bekenntnisse, ungehaltene Reden einer ungehaltenen Frau. Ich kann sagen, was ich niemand sonst anvertraue würde, darf schonungslos offen sein.

Wem sonst könnte ich manche Beobachtung, die ich gemacht habe, mitteilen?

Wem sonst könnte ich gestehen, dass ich eifersüchtig bin oder dass mir jemand fürchterlich auf den Keks geht?

Wo sollte ich sonst loswerden, was mich verletzt hat, wo ich mich blamiert habe, wo ich von einer tiefen Angst umgetrieben werde?

Ich weine nicht mehr nach innen. Ich verkrümle mich nicht mit meinem Kummer und ich ersticke nicht an meiner Wut.

Tagebücher sind wie eine gute Freundin, wie ein guter Therapeut.

Manchmal wird das, was ich schreibe, zum Gebet. Ich komme mit Gott ins Gespräch über mein Leben und diese Welt. – Das ist etwas ganz Großes!

Was man nicht sagen kann, das kann man schreiben. – Und dann ordnet sich manches und verliert seine Macht über uns, ist gut aufgehoben.

Wenn ich gespannt bin, wie sich etwas entwickelt, oder wenn ich mir um etwas Sorgen mache, dann zeichne ich ein kleines, leeres Kästchen an den Rand. Da lasse ich Platz für die Antwort und trage später ein, wie etwas ausgegangen ist!

Meistens bin ich ganz erstaunt, wie sich etwas fügt – oder sollte ich sagen, wie Gott etwas fügt, nachdem ich es ihm anvertraut habe.

Es ist spannend, nach vielen Jahren noch einmal in alten Tagebüchern zu blättern. Da ist so viel gewachsen. Ich bin reifer geworden. Ich habe wichtige Schritte gemacht auf dem langen Weg zum Ich.

Geiz ist nicht geil, sondern geistlos

Das kleine Mädchen fragt den Vater: »Papi, was ist eigentlich der Unterschied zwischen sparsam und geizig?«

Der Vater sagt: »Na ja, wenn ich für mich selbst nichts ausgeben möchte, sagt deine Mama, ich sei sparsam; wenn ich aber für deine Mama nichts ausgeben möchte, sagt sie, ich sei geizig!«

Wir sehen, die Grenze zwischen Sparsamkeit und Geiz ist fließend.

Natürlich ist es vernünftig, Angebote zu vergleichen und klug zu wirtschaften, das Geld zusammenzuhalten.

Aber diese neue Mentalität des »Geiz ist geil« und »Ich bin doch nicht blöd«, die kann einen schon nachdenklich machen. Der Deutsche wird zum Centfuchser, erklärt die Schnäppchenjagd zu seinem liebsten Hobby und nennt den einen Depp, der für irgendetwas auch nur einen Euro mehr als unbedingt nötig ausgibt!

Es gibt allerdings Bereiche, wo die »Dagobert Ducks« in diesem Lande ihrer Linie nicht treu bleiben. Man soll gesehen haben, dass sie »Super plus« fürs Auto tanken und beim Lebensmitteleinkauf Billigprodukte wählen. Man soll beobachtet haben, dass sie an Geschenken für andere sparen, aber großen Wert darauf legen, zwei bis dreimal im Jahr in Urlaub zu fahren!

Auf der einen Seite knausern wir – auf der anderen Seite geben wir ganz viel aus für Dinge, die absolut nicht lebensnotwendig sind.

Wir knausern nicht nur mit dem Geld und dem Leben, wir knausern auch bei der Selbstkritik!

Ich habe mal gelesen:

»Wenn du zwei Münzen hast, kauf mit der einen Brot für die Familie – und für die andere kauf dir eine Hyazinthe, damit dein Herz sich freuen kann!«

Ich möchte nicht knauserig werden. Möglicherweise schone ich mit der »Geiz-ist-geil-Philosophie« meinen Geldbeutel, aber das Herz wird hart und die Seele einsam. Wer nicht großzügig gibt, der bekommt auch nichts zurück, das gilt sowohl wirtschaftlich als auch in zwischenmenschlichen Beziehungen.

Qualität muss einen fairen Preis bekommen. Seitdem mein Mann einem Bio-Weinbauern in Meran in der Nacht geholfen hat, die Raupen von den Weinstöcken abzusuchen, wissen wir das zu schätzen. Es kann nicht sein, dass irgendwelche Lebensmittel-Multis die Milchpreise so drücken können, dass diese unter den Erzeugerkosten liegen und damit Existenzen gefährden.

»Geiz ist geil«, das ist so geistlos und gottlos!

Mit Zeit geizen und dann jeden Abend drei bis vier Stunden vorm Fernseher sitzen, wie passt das zusammen?

Wir leben vom Geschenkten – und das kann man nur mit vollen Händen weitergeben, wie Sterntaler darauf vertrauen, dass immer wieder Nachschub kommt.

Ob sich Adam und Eva – und wir alle, die wir danach kamen, »rechneten«? Was wäre, wenn eine Mutter Teresa geknausert hätte mit ihrer Liebe, Kraft und Zeit? Was wäre, wenn die Ehrenamtlichen dieser Welt jetzt alle zu »Neinsagern« ausgebildet würden, weg von den »brotlosen Künsten«, hin zu dem, was etwas einbringt – und keiner würde mehr Ja sagen und anpacken?

Was wäre, wenn junge Leute immer mehr den Bleistift spitzten und zu dem Ergebnis kämen: Kinder können wir uns nicht leisten, zu teuer!

Was wäre, wenn Gott gesagt hätte: Du liebe Zeit, ein Mensch hat einen Materialwert von 30 bis 40 Euro, lohnt sich da eine große Liebe?

Geiz ist nicht geil, sondern geistlos!

John Wesley hat gesagt:

»Du gehst verantwortlich mit deinem Geld um, wenn du erwirbst, so viel du kannst, wenn du sparst, so viel du kannst und wenn du gibst, so viel du kannst!«

Spiel mir das Lied vom Leben

Draußen ist Schmuddelwetter. Der Professor kommt auf seinem Heimweg an einem Tippelbruder vorbei. Weil Nikolaustag ist – und weil in der Vorweihnachtszeit der Traum von einer besseren Welt mit mehr Menschlichkeit größer ist als sonst, nimmt der Professor den Tippelbruder mit nach Haus. Für ein, zwei Stunden möchte er ihm eine warme Stube bieten, mit einer heißen Suppe und ein paar Euro auf den Weg.

In der Villa des Professors staunt der Tippelbruder über die große Bibliothek mit unzähligen Notenbüchern und CDs.

»Spielen Sie ein Instrument?« – »Nein, ich bin ein Sammler, bei mir finden Sie alles, was in der Musikwelt einen Namen hat.«

»Oooh!« – Nachdem der Tippelbruder die heiße Suppe genossen hatte, setzt er sich an den Kachelofen, holt seine Mundharmonika aus der Tasche und spielte das Wolgalied, Plaisir d'amour und Che sera.

Er hatte die Musik im Herzen und nicht im Archiv.

Ich habe sie bewundert, die junge Frau, die in einer Runde von zwanzig Frauen einfach aufgestanden ist und gesungen und getanzt hat, so, wie ihr gerade zumute war. – Sie war ein Energiebündel mit ganz viel Wärme in der Stimme und hat uns angesteckt mit ihrer Lebendigkeit.

Ich habe sie bewundert, die ältere Dame, die sich in die Mitte stellte und uns Gedichte von Wilhelm Busch vorgetragen hat, auswendig natürlich, aus dem Schatz ihres Herzens! In ihr wohnte ein Reichtum, mit dem sie Menschen berühren konnte.

Der eine hat Archive, der andere trägt die Musik in sich, singt, tanzt und lässt Funken überspringen.

Der eine hält kluge Vorträge über die Liebe, der andere ist begabt zum Lieben.

Der eine schaut sich Kochsendungen im Fernsehen an und der andere kocht mit Begeisterung für die Familie, für Freunde, kann genießen und schön machen.

Der eine heftet Lebensweisheiten ab – und der andere setzt sie um, gibt ihnen eine Gestalt, strahlt sie aus, verändert die Welt.

Manche sitzen im abgedunkelten Wohnzimmer und schwärmen von blühenden Geranien. Und andere reißen die Fenster auf, gehen hinaus und erfreuen sich am Anblick der Blumen. Sie brauchen keine Worte über etwas, sie haben das Erlebnis.

So verschieden sind wir.

Ich möchte zu einem Menschen werden, der die Melodie des Lebens zum Klingen bringt. Die Archive überlasse ich den anderen.

Ich denke an dich

Das war eine schlimme Zeit, eine Achterbahnfahrt der Gefühle. Elf Wochen lang war ich jeden Tag im Krankenhaus, zwischen Leben und Tod.

Wie gut, dass es Freunde gibt, die anrufen, Mut machen, sich um den Garten kümmern, Autofahrten übernehmen, Briefe schreiben!

Was beflügelt uns mehr als aufmerksame, wohlwollende Anteilnahme, dieses Signal: »Wir lassen dich nicht im Stich, egal, was kommt!«

Das gehört zum Kostbarsten, was ein Mensch erleben kann, in schwierigen Lebensphasen nicht allein zu sein.

Die Zulus sagen zur Begrüßung »Sawabona«, das heißt »Ich sehe dich, ich nehme dich wahr«.

Das tut gut, wenn Menschen uns wahrnehmen und sich einfühlen in unsere Lage, wenn sie kleine Signale geben, dass sie mithelfen wollen, Zeit haben, auf uns achten. Das sind Vitamine fürs Herz, das ist Mutmachstoff, gibt Durchhaltekraft, öffnet ein Fenster, dass uns in unserer Enge wieder mal ins Weite sehen lässt.

Manchmal sind es Menschen, mit denen wir gar nicht gerechnet hatten, die sich dann als treue Wegbegleiter zeigen, als Tröste-Künstler und Wärmflasche für die Seele erweisen, die allerlei Hilfreiches zu sagen und zu geben haben.

Andere, von denen wir meinen, sie stünden uns nahe, bleiben eher im Verborgenen. Ja, sie lassen uns über dritte ausrichten, dass sie an uns denken – und das tun sie reichlich.

Das ist wichtig, dieses Umgeben-sein von guten Mächten, dass uns jemand in Gedanken einen Engel schickt, dass es ein unsichtbares Netz der Verbundenheit gibt. Gedanken haben Kraft, sie schaffen eine Wirklichkeit.

Aber wissen Sie, was ich gelernt habe:

Manchmal brauchen wir ein Wort, eine Umarmung, eine Blume vor der Haustür, eine Frage, die Interesse zeigt, einen verständnisvollen Blick.

Das »Ich denk an dich« wird kräftiger, wenn es eine Gestalt bekommt.

Es gehört für mich zu den schönsten Erfahrungen, dass es eine Frau gibt, die mir jedes Mal Nussecken mitbringt, wenn wir uns treffen. Damit drückt sie aus, dass sie mich mag. Das ist ihr »Sawabona« – »ich nehme dich wahr«.

Sie muss keine großen Worte machen, die Nussecken sprechen ihre eigene Sprache.

Ich bleibe auch so oft beim »Ich denk an dich« und möchte lernen, den Menschen um mich herum Nussecken zu schenken, ein sichtbares Zeichen dafür, dass ich sie wahrnehme, gern habe und versuche, da zu sein, wenn sie mich brauchen.

Es ist ein langer Weg des Lernens.

Personal Trainer

Die Idee kommt aus den USA, das überrascht uns nicht.

Personal Trainer werden hauptsächlich von irgendwelchen Promis in Anspruch genommen, die sollen ihnen individuell weiterhelfen in Sachen Fitness, Zeitgestaltung, Ernährung, und Persönlichkeitsbildung!

Für uns ist diese Vorstellung eher spleenig – und wer kann sich so einen Personal Trainer schon leisten. Aber mal ganz ehrlich: Manchmal wünschte ich mir einen Menschen, der mich an die Hand nimmt, mich auf etwas aufmerksam macht, was ich selbst nicht sehe, der mir hilft, meinen inneren Schweinehund zu besiegen, der mich mental stark macht und aus mir herauslockt, was ich an Potenzial in mir trage.

Das wissen wir doch sehr genau: Ein Außenstehender sieht deutlicher als wir selbst, wo wir unsere Blockaden haben.

Manchmal wünschte ich mir einen Menschen, der mir sagt, was ich mir selbst nicht sagen kann.

Ich habe keinen Personal Trainer.

Aber es gibt da ein paar Sätze, die ich mir aus seinem Mund gut für mich vorstellen könnte:

Der Augenblick ist gleich lang, gleich schwer – egal, ob du lächelst oder griesgrämig bist. Aber achte mal darauf, was das eine oder andere aus dir und aus der Situation macht.

Die Schwingungen, die von dir ausgehen, reden lauter als deine Worte.

Verantwortlich ist man nicht nur für das, was man tut, sondern auch für das, was man nicht tut. (Lao-tse)

Hartnäckige Übellaunigkeit ist ein allzu klares Symptom dafür, dass ein Mensch gegen seine Bestimmung lebt. (Jose Ortega y Gasset)

Das Glück deines Lebens hängt von der Beschaffenheit deiner Gedanken ab. (Marc Aurel)

Gott hält für jeden von uns Möglichkeiten bereit, die weit über das hinausgehen, was man uns heute ansieht.

Alle Energie, die man zum Bejammern verpasster Chancen braucht, steht nicht mehr zur Verfügung, um den Boden der Tatsachen zu beackern. (Marion Buchheister)

Vielleicht reicht das fürs Erste auf dem Weg zum Persönlichkeitstraining, dazu ein paar Freundinnen, die Familie und gute Bücher!

Herzensbildung

Am Abend saß der Großvater mit seinem Enkel vor dem Ferienhaus im Allgäu. Die beiden konnten sich gar nicht satt sehen am Sternenhimmel.

Es war überwältigend, wie die Sterne an diesem Abend strahlten.

Nach einiger Zeit sagte der Kleine: »Opa, wenn die Unterseite des Himmels so schön ist, wie schön muss dann erst die Oberseite sein!«

Menschen, die staunen können und dankbar sind – die haben etwas Vornehmes an sich.

Wir sind gerne mit ihnen zusammen.

Wo sie auftauchen, entsteht ein angenehmes Klima.

Dankbare Menschen haben einen weiten Horizont, eine stille Zufriedenheit – und meistens einen herzerfrischenden Humor.

Selbst in Situationen, wo es schwer und leidvoll ist, sagen sie nicht gleich: »Hat alles keinen Sinn« – und resignieren. Sie versuchen, mit Tatendrang und Gottvertrauen das Beste draus zu machen.

Dankbare Menschen schweben durchaus nicht ständig himmelhoch jauchzend auf Wolke sieben, sie kennen auch die Tage, wo es Durchhänger gibt, aber sie haben eine positive Grundeinstellung zum Leben.

»Mille grazie«, sagen die Italiener. Tausend Dank. Und dieses »grazie« hat den gleichen Ursprung wie unser Wort »Gnade«.

Ja, das ist vielleicht das Geheimnis der dankbaren Menschen. Sie wissen etwas von Gnade.

Sie sind sich bewusst, dass sie alles, was sie sind und haben, nicht kaufen und durch Tüchtigsein erarbeiten können. Es ist Geschenk.

Und genau das, was sich jeder von uns am meisten ersehnt: Vertrauen, Freundschaft, Liebe, Gelingen und

Gesundheit: Wir haben keine Rechtsansprüche darauf. Du kommst nicht mit Abrackern zum Ziel. Es ist Gnade.

Natürlich kennen wir auch andere Menschen.

Solche, die unzufrieden sind mit Gott und der Welt.

Ständig empfinden sie sich als zu kurz gekommen und unfair behandelt.

Mit Groll im Bauch sehen sie auf alle, denen es besser geht als ihnen.

Diese Menschen sind der Meinung, dass das Leben (oder Gott) ihnen nicht gibt, was ihnen eigentlich zusteht.

Sie sehen vorwiegend das, was sie nicht haben – und selten das, was ihr Leben reich macht, welche Möglichkeiten für sie offen stehen.

Selbst beim Spaziergang durch den Wald bleiben sie bei ihrer Nabelschau und ihrem Selbstmitleid hängen – und keine singende Nachtigall, kein klopfender Specht und kein bunt schillerndes Herbstlaub kann ihre negative Grundstimmung verändern!

Manche Zeitgenossen ähneln einem Riesenbaby mit unermesslichen Ansprüchen.

Sie möchten die Spielregeln festlegen, wie ihre Welt auszusehen hat und wie andere zu funktionieren haben.

Wir kennen die Dankbaren und die Nörgler. Und wir haben von beiden etwas in uns drin!

Abraham Lincoln hat den schönen Satz gesagt: *Die Menschen murren, weil keine Rose ohne Dornen ist – warum danken sie eigentlich nicht, dass Gott auf dornigen Stängeln so schöne Rosen wachsen lässt?*

Das klingt gut, aber wie kommen wir dahin, ein dankbarer Mensch zu werden?

Der Anfang aller Dankbarkeit ist das Staunen.

Astronomen haben einen Stern entdeckt, der 264 Trillionen Meilen von der Erde entfernt ist – aber so hell, dass man ihn mit bloßem Auge erkennen kann. Upsilon Andromedae heißt der gute und es wurden die Signale von drei Planeten aufgefangen, die um diesen Stern kreisen.

Einer der Wissenschaftler, der zu den klügsten Köpfen unserer Zeit gehört, der hat gesagt: »Ich bin ein sehr beunruhigter Theoretiker! Wir werden von einer Erkenntnis nach der anderen überrascht. Diese wunderbare Welt lässt mich an etwas glauben, was jenseits von uns ist!«

Dass wir Bypässe und Defibrilatoren legen, das gehört heute längst zu den Routineoperationen, aber wir werden wohl nie erfahren, was das Herz schlagen macht.

100 000 Mal an einem Tag macht es badam, badam, badam – 100 000 Mal sagt es »Ja, du sollst leben!«.

Jeden Tag bewegt ihr Herz 7000 Liter Blut, das ist der Inhalt von 40 Badewannen.

Allein in unserem Großhirn haben wir 500 000 km Nervenfasern, die alle präzise miteinander verkabelt sind.

Dazu kommen 380 000 km Nervenfasern außerhalb des Gehirns, die durch unseren Körper laufen. Und in diesen nur tausendstel Millimeter dünnen Leitungen sausen ständig unzählig viele Informationen und Befehle zwischen dem Gehirn und allen Teilen des Körpers hin und her.

Wer anfängt zu denken, wer anfängt, sich mit dem Geheimnis des Lebens zu beschäftigen, der kommt aus dem Staunen nicht mehr heraus.

Und vielleicht zieht dann eine tiefe Dankbarkeit ein über dieses Wunder, dass wir leben.

Wenn uns das Staunen erst einmal gepackt hat, vielleicht halten wir dann für möglich, dass wir in dieser Welt von einem wunderbaren Gott gehalten sind – selbst über den unauslotbaren Abgründen, selbst einer Welt, die uns mit ihrem Rhythmus zwischen Werden und Vergehen Angst macht, sogar dann, wenn wir den Eindruck haben, es ginge manchmal über unsere Kräfte, was wir hier durchzustehen haben, als sei vieles in der guten Schöpfung in einem extrem maroden Zustand.

Paulus schreibt in seinem Brief an die Gemeinde in Thessaloniki: *Seid dankbar in allen Dingen!*

Mich erinnert das in seltsamer Weise an meine Kindheit.

Wenn Besuch kam, der etwas mitgebracht hatte, dann wurde uns gesagt: »Nun sag der Tante mal ganz lieb Danke und gib ihr ein Küsschen!«

Verordnete Dankbarkeit – da kann einem schon mal die Freude abhanden kommen, das kann einem manches verleiden, so sehr, dass man am liebsten gesagt hätte, dann soll die Tante lieber die Schokolade behalten. Und vielleicht ist so ein Kind dann später zu einem Erwachsenen geworden, der niemand zu Dank verpflichtet, niemand etwas schuldig sein möchte, lieber macht er alles alleine!

Aber echte Dankbarkeit, die hat was – und die könnte viel dazu beitragen, dass sich das Klima in unserem privaten Bereich und in der Gesellschaft verändert.

Dankbarkeit fängt ganz klein an!

Warum sagen wir dem Vorsitzenden eines Vereins, dem Schülervertreter oder dem Kommunalpolitiker nicht mal, dass wir uns freuen, wie viel Zeit und Mühe und Nerven er für andere investiert.

Mal Danke sagen. »Du, unser Dorf wäre ärmer, wenn es dich nicht gäbe. Das ist toll, wie du dich engagierst. Danke!«

Jeder braucht so ein Feedback, das ihn anspornt zu mehr!

Sagen wir unseren Eltern einmal Danke! Als wir klein waren, da war alles so selbstverständlich, was sie für uns getan haben. Ihr Fleiß, ihre Fürsorge war so normal für uns wie das Sonnenlicht und das Brot auf dem Tisch.

Meistens erkennen wir erst später, was sie alles geleistet haben, worauf sie um unseretwillen verzichtet haben.

Wie viel haben wir ihnen zu verdanken!

Manche Menschen wissen nicht, was sie für uns bedeuten.

Manche Menschen wissen nicht, dass sie ein Geschenk des Himmels sind.

Sie wüssten es, würden wir es ihnen sagen.

Die meisten Lobreden auf Menschen werden erst dann gehalten, wenn sie nicht mehr bei uns sind.

Warum sagen wir uns das nicht schon hier und jetzt, was wir am anderen mögen und schätzen, was wir durch ihn gelernt und Gutes erfahren haben, wo er uns angespornt oder zum Nachdenken gebracht hat.

Wir könnten mit einer Kultur der Dankbarkeit und des Lobens einen wichtigen Beitrag zum Klimawandel leisten!

Das macht einen Menschen schön und vornehm, gibt ihm Grazie, wenn er nicht nur ein gedankenloser Verbraucher ist – sondern weiß, wem er sein Leben zu verdanken hat.

Vielleicht braucht Gott auch ein Feedback auf die Schönheit dieser Welt, auf die Liebe, auf die Farben von Chagall, die Musik von Mozart und Bach, auf den Duft der Rosen und den grandiosen Sonnenuntergang.

Halleluja!

»Es gibt keine Leute, die nichts erleben, es gibt nur Leute, die nichts davon merken.«   Curt Goetz

Erntedank – eine Orgie an Farben, Früchten und Düften. Ein Fest für die Sinne: die großen Kürbisse und Zucchini, die roten Dahlien und die gelben Sonnenblumen, der Duft von Kräutern, Möhren, Radieschen, Sellerie, der Kranz aus dem Getreide.

Christian Morgenstern hat gesagt: »Oft sieht man etwas hundert Mal, ja tausend Mal, ehe man es zum ersten Mal sieht.«

Vielleicht sind wir viele Male durch den Garten gegangen – und dann war da das eine Mal, wo wir etwas vom Wunder des Lebens, vom großen Ganzen geahnt haben. Vielleicht sind wir viele Male mit einem Menschen zusammengewesen – und dann war da das eine Mal, wo wir ganz nah dran waren am Geheimnis von Freundschaft, Verbundensein und Liebe. Vielleicht haben wir viele Male in den Sternenhimmel geschaut – und dann war da das eine Mal, wo wir gespürt haben, dass ein guter Gott sein muss, dass wir »Irdische mit ganz viel Himmel im Kopf« sind!

Erntedank! Wir erinnern uns daran, dass wir immer

Beschenkte sind! Bei aller Cleverness, bei allem, was wir geleistet haben und worauf wir mächtig stolz sein können.

Ja, auch die großen Macher dieser Welt sind Beschenkte. Auch alle, die sagen: »Jeder ist seines Glückes Schmied!«

Was ist mein Erntedank, die Beute meines Jahres? Vier wunderbare Kinder, eine bislang ziemlich robuste Gesundheit, ein maßgeschneiderter Ehemann. Gute Bücher und Tischtennisabende mit ganz viel Fröhlichkeit. Ich danke für die Menschen, die mein Leben reich machen – und für manches Lob, das mich auf meinem Weg bestärkt hat und mir an manchen Tagen Flügel wachsen lässt! Danke, dass ich durch manches hindurchgehievt worden bin, für den Urlaub in Meran, für den Abend im Fernsehturm-Restaurant in Berlin. Danke auch für manchen Mist, der zum Himmel stinkt, der mir ganz und gar nicht gefällt und trotzdem das Zeug zum Dünger hat. Danke, dass ich ein Dach über dem Kopf und einen Kühlschrank habe – und damit reicher bin als 75 % der Menschheit.

Ein dankbarer Mensch ist schön. Er strahlt etwas aus. Er geht nicht dumpf durch die Welt, sondern hell-wach! Er kann genießen, was ein Tag an Wohltaten für ihn auf Lager hat. Er sieht nicht zuerst auf die Defizite, sondern auf die lange Liste des Guten, des Geschenkten.

Ein dankbarer Mensch hat Weite und Weisheit. Er macht etwas aus seinen Talenten, Tagen und Jahren. Die Erde sieht er als seine Pflicht. Er wuchert mit dem, was er kann, immer mit einem Augenzwinkern zum Himmel.

»Solo dios basta.« Teresa von Avila

»Nichts soll dich ängstigen, nichts dich erschrecken. Alles vergeht, Gott bleibt derselbe. Wer Gott besitzt, dem kann nichts fehlen. Gott allein genügt.«

Ich mag sie, diese kluge, temperamentvolle Frau – Teresa von Avila. Auf der einen Seite bodenständig, patent, humorvoll und charmant – und auf der anderen Seite von einer großen Liebe zu Gott gepackt, aus der sie ihre erstaunliche Kraft, ihre Straffheit und ihren langen Atem schöpfte. Sie vereint Tatendrang und Gottvertrauen, eine Mischung, wie ich sie bei vielen Landfrauen kennen- und schätzen gelernt habe. Eine Powerfrau, die ihr Herz bei Gott angedockt hat.

Ich mag dieses mutige »Solo dios basta« – Gott allein genügt! Du kannst mutig und kraftvoll zupacken.

Du lässt dich nicht mehr einschüchtern von den Menschen und magst nicht akzeptieren, was in dieser Welt nicht in Ordnung ist.

Du kannst selbstbewusst und innerlich frei deinen Weg gehen.

Teresa entdeckt den Weg der Freundschaft mit Gott. »Das Gebet ist nichts anderes als ein Gespräch mit einem Freund, mit dem wir oft und gern allein zusammenkommen, weil wir sicher sind, dass er uns liebt!«

In ihrem Werk »Die innere Burg« beschreibt sie, dass der Mensch, wenn er mit Gott verbunden ist, in sich drin einen heiligen Raum hat, wo ihn niemand und nichts verletzen kann, wohin er immer wieder zurückkehren kann mit der Last des Alltags, die er zu tragen hat, mit seinem Kummer, der ihn nach unten zieht, und mit den schwierigen Menschen, die ihm zu schaffen machen.

Teresa ist nicht weltfremd, umständlich oder frömmelnd. Sie trifft den Nagel auf den Kopf mit dem, was sie sagt – und überzeugt mit dem, was sie anpackt!

Einer ihrer Sätze gefällt mir besonders: »Wenn Rebhuhn, dann Rebhuhn, wenn Fasten, dann Fasten!« – Halbe Sachen mag sie nicht – und vom Genießen, von praller Lebenslust versteht sie eine Menge.

Sie ist eine Frau, die mich fasziniert und lockt. Ich möchte mich auch umgeben wissen von Gottes heilender und stärkender Nähe und dann mit Mumm anpacken, was mir vor die Füße gelegt wird, was ich als richtig und wichtig erkenne.

Unsere Welt braucht Frauen vom Typ der Teresa von Avila!

Beziehungs-weise

Unsere Jugendgruppe war ein lebendiger Haufen. Mädchen und Jungen zwischen 12 und 18 Jahren.

Wir haben zusammen Eis gegessen, Tischtennis und Fußball gespielt, in der Bibel gelesen, über Gott und die Welt diskutiert und gefeiert. Es war jene bunte Mischung für Körper, Seele und Geist, die wir heute »ganzheitlich« nennen.

Nach einer Abendandacht saß in der Kirche ein Mädchen und hat geweint. Als ich mich zu ihr setzte und fragte, was denn los sei, sagte sie lange Zeit kein Wort. Und auf einmal brach es aus ihr heraus: »Ich wünsche mir so sehr, dass du meine Freundin wirst und mich lieb hast!«

Upps!

Sie steckte mitten in der Pubertät und zu Hause war die Situation äußerst schwierig, es gab eine Menge Probleme. Ich konnte das sehr gut verstehen, dass man sich da eine große Freundin wünscht, bei der man mit seinem Kummer gut aufgehoben ist. Ist doch klar, dass ein Mädchen in dem Alter verstanden und beachtet werden möchte.

Aber ich war weder willens noch in der Lage, ihr das zu geben, was sie von mir erwartete, was sie sich erträumte.

Als Jugendleiterin muss man zudem immer eine gewisse Distanz wahren, das weiß jeder!

Wir sind nicht in der Pubertät!

Aber es passiert auch unter Erwachsenen:

Da wünscht sich einer ganz viel Nähe und Vertrautheit zu einem Menschen – und nimmt ihm damit die Luft zum Atmen, der andere fühlt sich erdrückt.

Da beansprucht einer die Exklusivrechte auf einen Menschen und macht mit seiner ständigen Eifersucht und Dominanz alles kaputt.

Dass Menschen Erwartungen an mich haben, das kann ich ihnen nicht verübeln, aber ob und wie weit ich diese Erwartungen erfülle, das ist ganz allein meine Entscheidung.

Wenn ich aggressiv werde, wenn ich mich unfrei und vereinnahmt fühle, dann hat jemand meine Grenzen überschritten, dann habe ich ihm womöglich zu viel Macht über mich gegeben.

Manchmal mache ich mir ein Bild von einem Menschen. So soll er sein, damit er mir gefällt. Er will aber nicht so sein. Er will sich nicht in ein Raster pressen lassen – und er hat ein Recht darauf, seinen Weg zu gehen, ein klares Nein zu sagen, wenn ich ihn nach meinen Vorstellungen verändern möchte, immer an ihm herumkrittele!

Es gibt Enttäuschungen in einer Beziehung, die sind wichtig, ganz wichtig. Dann sollen wir raus aus einer Täuschung, müssen ent-täuscht werden.

Ich hab etwas erwartet, wozu der andere nicht bereit ist.

Ich wollte eine Symbiose, er wollte seine Füße auf weiten Raum gestellt wissen.

Ich war zu sehr auf ihn fixiert und bin ihm mit meinen depressiven Stimmungen auf den Geist gegangen.

Eine wichtige Voraussetzung für alles Miteinander: Setz den anderen nicht unter Druck, klammere nicht, meine nicht, du hättest ein Recht auf ihn.

Gib ihn frei, betrachte ihn als ein Geschenk, nimm ihn an in seiner Einmaligkeit und achte die Grenzen, die er setzt!

Die Kunst des Schenkens liegt darin, einem Menschen etwas zu geben, das er sich selbst nicht geben kann.
Kurt Marti

Das Bett ist zur Ausstellungsfläche geworden.

15 Paar selbst gestrickte Strümpfe in den Modefarben dieses Jahres und eine hübsche Strickjacke für den Urenkel liegen da.

Sie hat die langen Abende, die einsamen Abende, dazu genutzt, um etwas zu schaffen, was man nicht kaufen kann, hat Liebe reingestrickt in die kleinen Kunstwerke. Das sind nicht nur Strümpfe, die Oma verschenkt, sie verschenkt ihre Fürsorge, ihre Zeit, ihre guten Gedanken, ihr Geschick – sie schenkt, als sei's ein Stück von ihr.

Ich fahre los, um Weihnachtsgeschenke zu kaufen.

Kann ich mich hineinfühlen in die, die ich beschenken möchte? Die Geschenke selbst sind ja immer nur die halbe Miete, sie sagen etwas über die Beziehung zwischen dem Schenkenden und dem Beschenkten aus.

Kann ich meine Liebe, meine Freundschaft ausdrücken in meinen Geschenken, wird der andere dabei nicht nur um Bücher und Unterwäsche reicher, sondern um Anerkennung, um Sich-Geliebt-Wissen, um Sich-gern-auf-der-Welt-Fühlen?

Können wir beim Schenken ausdrücken, was wir einander bedeuten?

Erinnern Sie sich, als Sie von Ihren Kindern empfangen wurden mit dem Satz: »Hast du uns was mitgebracht?« Es ging doch gar nicht um Überraschungseier und Comichefte. Dahinter steckte doch die Frage: »Hast du an mich gedacht? Hast du mich lieb?«

»Die Kunst des Schenkens liegt darin, einem Menschen etwas zu geben, das er sich selbst nicht kaufen kann.« Darüber lohnt es sich nachzudenken.

Ich kenne Frauen, die schreiben immer gleich auf, wenn ein Kind, eine Freundin, ein Bekannter mal einen Wunsch geäußert hat, wenn jemand von etwas geschwärmt hat.

Ich bewundere das, wenn jemand so aufmerksam ist, eine Schenke-Künstler ist, mit viel Fantasie etwas ganz Originelles bastelt und zusammenstellt.

Es gibt eine Art des Schenkens, die geht weit über die berühmten »3 S«: Schlüpfer, Socken, Schlips hinaus. Auch Männer haben ihre geheimen Wünsche.

Und dann setze ich mich beim Weihnachtseinkauf für ein paar Minuten in den Dom und denke daran, dass wir letztlich alle vom Geschenkten leben.

Alle Zeit, alle Liebe, alle intensive Begegnung, alle Weisheit, Durchhaltekraft, Zukunftshoffnung ist Geschenk ...

Ich bin gespannt, womit ich nach Hause kommen werde vom Geschenkekauf!

Das Leben ist uns gut

In der S-Bahn von Minden nach Bückeburg saß ein junger Mann zwei Reihen vor mir und hat geweint, bitterlich geweint und geschluchzt.

Er hätte mein Sohn sein können – wohl deshalb ist mir sein Weinen sehr nahe gegangen.

Enttäuschte Liebe, verfahrenes Leben, zusammenbrechen unter dem, was dir aufgepackt ist, nicht mehr wissen, wo du hingehörst, Bockmist gebaut haben.

Es gibt ein Weinen in der Welt – auch für junge Männer!

Seltsam, in der Morgenandacht hatte ich eine Geschichte gehört, die mir ganz spontan zu diesem jungen Mann einfiel (inzwischen weiß ich, dass sie von John Kord Lagemann ist):

Ein junger Mann hatte für längere Zeit im Gefängnis gesessen und war nun auf dem Weg nach Haus. Er hatte ein mulmiges Gefühl im Bauch. Wie würde seine Familie reagieren, schließlich hatte er große Schande über sie gebracht. Wie oft hatte Mutter wohl um ihn geweint! Im Gefängnis hatten sie ihn kaum besucht, er konnte das verstehen, obwohl es ihm sehr wehgetan hatte.

Und nun? Es gab eine Abmachung. Aus dem Gefängnis hatte er seinen Eltern geschrieben, dass sie ihm ein Zeichen geben sollten. Wenn er willkommen sei, sollten sie doch bitte ein weißes Band an den Apfelbaum im Garten hängen. Wenn er nicht willkommen sei, würde er weiterfahren, weit weg.

Als der Zug dem Grundstück der Eltern näher kam, wurde der junge Mann immer unruhiger. Und dann? – Dann sah er, dass der Apfelbaum voll von weißen Bändern hing.

Ich hätte dem jungen Mann zwischen Minden und Bückeburg gerne gesagt: »Du, egal, was passiert ist, egal, wie verkorkst deine Lage ist, auch für dich hängen weiße Bänder im Apfelbaum. Es sind immer wieder Neuanfänge möglich!«

Und morgen, wenn ich auf den Friedhof gehe, zum Ewigkeitssonntag, dann will ich das glauben, dass die, die uns vorausgegangen sind ins Anderland, mit weißen Bändern empfangen wurden. Sie sind nicht in ein Nichts gefahren, ins große »Aus und Vorbei«. Sie sind in das Land gefahren, wo weiße Bänder in den Bäumen hängen, wo alle Tränen abgewischt werden, wo kein Leid mehr ist, egal, was mensch gelitten oder verloren hat. Egal, was wir im Gepäck haben.

Und wenn ich Angst habe vor dem, was mich im Leben noch alles erwartet – ich möchte an die weißen Bänder denken. Gott meint es gut mit mir. Ich werde mit Liebe empfangen, egal, wo ich hinkomme.

Und wenn bei mir etwas schiefgelaufen ist, wenn Beziehungen nicht so gelingen, wie ich es mir wünsche, wenn mein Gewissen mir einhämmert, dass ich tausendmal schuldig geworden und etwas schuldig geblieben bin, dann denke ich an die weißen Bänder.

Das Leben ist uns gut!

Wo könnten wir weiße Bänder aufhängen, dass wir selbst und andere immer wieder daran erinnert werden?

Homo schlaraffiensis

Wissen Sie, worum ich die Kinder beneide, die auf dem Lande, auf einem Bauernhof groß werden?

Sobald die kleine Wirbelsäule das aushält, dürfen die kleinen Jungen mit dem Papa auf den Trecker. Das ist für sie Abenteuer pur und sie spüren den Stolz, mit dem der Papa arbeitet.

Schon als kleiner Pöks werden sie vertraut mit dem Rhythmus des Tages, dem Rhythmus der Jahreszeiten, mit dem »Von nichts kommt nichts«.

Ich kenne 9-Jährige, die können Trecker fahren und kennen ihre 50 Kühe im Stall mit Namen. Sind stolz wie Oskar, wenn sie im Rahmen ihrer Möglichkeiten mithelfen dürfen, wenn sie spüren: Ich bin wichtig, ich kann was, Arbeit macht Spaß!

Ich weiß, das wird immer mehr zu einer Idylle aus längst vergessener Zeit, das läuft nicht überall so – aber das, was ich hier beschrieben habe, das ist für Kinder sehr wichtig, das weiß auch die moderne Pädagogik!

»Kennen Sie das sicherste Mittel, ein Kind unglücklich zu machen? Packen Sie es in Watte und gewöhnen Sie es daran, dass es alles bekommt, was es sich wünscht. Räumen Sie ihm alle Hindernisse aus dem Weg. So erzieht man den so genannten ›Homo schlaraffiensis‹«, sagt der Erziehungswissenschaftler Dr. Albert Wunsch, »so erzieht man kleine verwöhnte Prinzessinnen und Prinzen, deren Ansprüche immer größer werden.«

Ich weiß, wir meinen das so gut mit unseren lieben Kleinen, aber Kinder brauchen Krafttraining für Körper, Geist und Seele, damit sie wetterfest und geländegängig werden.

Zu erfolgreicher Lebensbewältigung gibt es keinen Fahrstuhl. Du musst die Treppe benutzen und das ist mühsam. Das tut auch manchmal weh. Die Kinder brauchen in einem positiven Sinne so etwas wie »Survival Training«, dass wir sie stark machen für die Herausforderungen in den Wechselfällen des Lebens.

Unsere Kinder mussten jeden Morgen und jeden Mittag einen Kilometer zu Fuß zur Bushaltestelle gehen. Bei Wind und Wetter. »Unzumutbar«, sagen einige Eltern und holen das Auto aus der Garage. »Vom Tragen der schweren Schultaschen gibt's Schäden an der Wirbelsäule.«

Manchmal frage ich mich: Sind die Taschen zu schwer oder die Schultern zu schwach?

Die Kinder stark machen für das Leben, das ist eine große Aufgabe.

Wie können wir ihnen den Rücken stärken? Genug Muckis haben für die Schultaschen ist das eine, immerhin haben über 50 % aller 8-bis 18-Jährigen Haltungsschwächen oder -schäden. Stark genug sein für die Zukunft, um unterscheiden zu können, was richtig ist und was falsch, innerlich stabil sein, dass uns die Winde des Lebens nicht gleich umpusten, wieder aufstehen, wenn man auf die Nase gefallen ist, das ist noch etwas anderes.

Meine Zeit mit David

Seit dem Besuch in Florenz schwärme ich von David, diesem Urbild eines schönen Mannes, von Michelangelo aus weißem Carrara-Marmor geschaffen.

Mittlerweile steht eine Miniatur-Ausgabe des David in unserem Garten. Wir haben ein lauschiges Plätzchen für ihn ausgesucht. Mein Mann betrachtete ihn wohl nicht als ernsthaften Konkurrenten, wollte mir eine Freude machen und hat ihn über das Internet gefunden!

Und nun sitze ich ab und zu bei David, denke über sein bewegtes Leben nach und finde mich selbst darin wieder.

David, der zarte Hirtenjunge, trifft auf den Muskelprotz Goliath, bei dem die Erde bebt, wenn er auftritt! Es ist klar, wer in diesem Duell Sieger und Verlierer sein wird. Ja, man muss Angst haben um David! Stellen Sie sich vor, ein Boxer aus dem Super-Schwergewicht würde auf einen aus der Fliegengewichtsklasse treffen!

Und was passiert? David, nach unserer Einschätzung chancenlos, hat ein paar Kieselsteine, eine Schleuder, wie wir sie aus Kindertagen kennen – und einen unerschütterlichen Glauben an die Kraft Gottes. Und, das Unmögliche wird möglich: Er siegt.

Ist das möglich, dass ich den Riesen in meinem Leben, wie immer sie aussehen mögen, tapfer gegenübertreten kann – mit dem Gott, der mit meiner Schwäche sympathisiert?

Das David-Prinzip! Habe ich das viel zu lange unterschätzt?

Von David kann ich lernen, was Freundschaft bedeutet.

Er gewann seinen Freund Jonathan so lieb wie sein eigenes Leben. Gibt es das in dieser Welt, einen Freund, der mich aufblühen lässt zu mir selbst? Gibt es dieses Band zwischen Menschen, das hält, wenn alle Stricke reißen, dass man einander zum Entwicklungshelfer wird?

Bertolt Brecht hat gesagt: »Freunde holt man in die Küche, nicht ins Wohnzimmer.« Wir helfen uns auf unseren Wegen, besonders auf jenen, die einer allein nicht schaffen kann. Wir wissen viel Gutes und Schlechtes voneinander, da gilt es, behutsam miteinander umzugehen!

Die meisten Freundschaften zerbrechen nicht, sie verwelken! Da ist etwas dran. Wie gelingt es uns, den Glanz der Freundschaft zu bewahren?

Als David König war, passierte diese unrühmliche Geschichte mit Bathseba. An einem schwül-heißen Abend hatte er die Frau seines Offiziers im Bad gesehen – und ihre Schönheit weckte sein Begehren. Er wollte sie haben! Um die Geschichte zu vertuschen, ließ er Uria, ihren Mann, als Kanonenfutter in vorderster Schlachtreihe kämpfen. Wie konnte er nur!

Jeder von uns erlebt seine Brüche, egal wie, diese Stunden, weshalb wir uns fürchterlich schämen müssen.

Und Gott lässt uns nicht fallen, sondern schreibt auf den krummen Linien unseres Lebens seine Geschichte, seine Segensgeschichte.

David ist ein Mann, der heraussprudeln lässt, was an Gefühlen in ihm tobt – positiven und negativen. Alles darf sein! Er hält es nicht unter Verschluss, da muss sich keine hochexplosive Mischung zusammenbrauen.

Er bleibt nicht allein mit seinem Wohl und Weh, er hat eine Adresse für seine Wut und Trauer, für sein Staunen und seine Einsamkeit. Er muss keine Fehler vertuschen und keine Sehnsucht unterdrücken.

Das befreit ihn, das lässt ihn in seiner Freude nicht abheben und in seiner Not nicht verzweifeln. Er rechnet mit

Gottes Möglichkeiten, deshalb wird ihm vieles möglich!
Bei David wird alles zu einem großen Lied, nachzulesen in
den Psalmen.

Es gibt viel zu entdecken in der Nähe des David. Ich
sitze gerne bei ihm mit einem Cappuccino, einem Sekt oder
einem guten Buch.

Vorher Bescheid gibt nachher keinen Streit

Wir leben heute im Zeitalter der Kommunikation.

Noch nie hatten wir so viele Möglichkeiten, mit anderen
ins Gespräch zu kommen, auf verschiedenste Weisen
Nachrichten zu übermitteln, Kontakte zu knüpfen.

Ist der Weg von Mensch zu Mensch jetzt einfacher
geworden?

Worte haben eine große Wirkung, das wissen wir.

Worte können wohltun und wehtun.

Mit unseren Worten können wir Menschen aufblühen
lassen und niedermachen, wir können Klärungen schaffen
oder Missverständnisse in die Welt setzen.

Worte entscheiden darüber, wie es um unsere Beziehungen bestellt ist.

Und sage keiner: »Och, das ist mir nur mal so rausge-
rutscht.«

Ich habe Frauen getroffen, die können sich heute noch
an Sätze erinnern, die sie vor 30 und mehr Jahren getroffen
haben, entweder sehr verletzend oder auch beflügelnd!

Miteinander Reden, das ist wichtig!

Es könnte vieles besser laufen, wenn wir dem anderen
»ein Wort gönnen«, wie meine Mutter immer zu sagen
pflegt, dem anderen sagen, warum wir etwas tun oder nicht
tun, was uns bewegt und was uns Angst macht, was wir
mögen und was wir nicht mögen.

Es könnte vieles besser laufen, wenn wir transparenter
wären, die Beweggründe für unser Handeln mitteilen würden.

Belastendes verliert an Gewicht, Schönes bekommt mehr Glanz.

Dann weiß jeder, woran er ist und kann sich darauf einstellen.

»Viel Unglück wird durch Unausgesprochenes in diese Welt gebracht«, sagt Dostojewski. Wenn Menschen sich in Schweigen hüllen, nichts von sich preisgeben, wenn wir immer spekulieren müssen, was wohl in ihnen vorgeht!

Vielleicht stehen Firmen und Vereine, die Kirche und die Politik noch vor dieser großen Entdeckung: Wir müssen miteinander reden und aufeinander hören, daraus erwächst ganz viel Kraft!

Antoine de Saint-Exupéry hat sinngemäß gesagt: »Wenn du ein Schiff bauen willst, verteile nicht Aufgaben an die Menschen, sondern wecke in ihnen die Sehnsucht nach dem weiten Meer!«

Warum fällt es uns so schwer, zu sagen, was uns wichtig ist, wovon wir träumen und wobei wir kein gutes Gefühl haben?

Wie wir miteinander im Gespräch sind, das bestimmt die Qualität unseres Miteinanders, im Kleinen und im Großen, das bestimmt auch, wie die Welt um uns herum aussieht!

Sag, was du tust, und tu, was du sagst – dann weiß jeder, woran er ist!

Man sieht nur mit dem Herzen gut

Unsere Augen gehören mit zu dem Wertvollsten, das wir haben. Sie sind unser Tor zur Welt.

Nicht sehen können ist ein großes Handicap.

Was uns die Augen bedeuten, das wissen wir manchmal erst dann zu schätzen, wenn die Sehkraft sich verschlechtert, wenn es Probleme gibt.

Wir wollen jetzt über das Sehenkönnen und das Blindsein sprechen. Nicht über das, was beim Augenarzt gut aufgehoben ist. Es geht mehr um das innere Sehvermögen.

Sie haben das alle schon erlebt:

Es tut gut, wenn wir einem Menschen begegnen, der einen weiten Horizont hat, einen klaren Blick für das, worauf es ankommt.

Es tut gut, wenn jemand nicht nur oberflächlich ist, in dem, was er wahrnimmt, sondern genau hinsieht, wie es um die Menschen in seiner Nähe bestellt ist – und was um ihn herum geschieht!

Es ist eine Wohltat – wenn jemand wie der Sänger Konstantin Wecker in einer Talkshow nicht ausblendet, dass er gescheitert ist – sondern dieses Scheitern als etwas sieht, was ihn weitergebracht hat, woran er gewachsen ist!

Und gleichzeitig wissen wir:

Ein Mensch kann blind sein vor Liebe, alles durch die rosarote Brille sehen, er kann blind sein vor Eifersucht und Wut.

Er kann starrsinnig sein, kein Auge haben für die kleinen Glücksmomente, die jeder Tag für ihn bereithält.

Wenn wir sagen, dass einer betriebsblind ist, dann meinen wir damit, dass er so sehr auf eine Sache fixiert ist, dass ihm alles andere nebensächlich wird.

Er denkt nur noch an seine Arbeit, an sein Hobby, an sein Interesse oder Ehrenamt – dass für nichts anderes mehr Platz ist. Es ist, als würde er Scheuklappen tragen.

Was rechts und links um ihn herum passiert, nimmt er gar nicht mehr richtig wahr. Sein Gesichtsfeld ist eingeschränkt.

Wenn wir sagen, dass einer den Wald vor lauter Bäumen nicht mehr sieht, dann meinen wir: Jemand ist von ganz vielen Dingen so gefangen genommen, dass er keinen Blick für das Naheliegende und für das große Ganze hat. Im Vielerlei verheddert, ist ihm die Weite, der Überblick verloren gegangen.

Von außen sehen viele, dass er sich vertüddelt hat, dass er zu viel arbeitet, nur er selbst sieht es nicht! So ist es doch: Bei anderen wissen wir immer sehr genau, was sie falsch machen – nur bei uns selbst nicht.

Und wenn wir sagen: Er macht es wie der »Vogel Strauß«, dann meinen wir, dass jemand seinen Kopf in den Sand steckt – unter dem Motto: »Was ich nicht weiß, macht mich nicht heiß!«

Manchen Problemen in der Familie, in der Gesellschaft, manchem blinden Fleck im eigenen Leben mag er nicht ins Auge sehen, das blendet er einfach aus!

Wir sind oft so übersättigt mit Nachrichten und Bildern, dass wir nichts mehr sehen mögen.

Und es gibt Zeiten, da sind wir so traurig, so gefangen von irgendwelchem Kummer, dass wir nichts anderes mehr aufnehmen können!

Wie ist das eigentlich mit unserem Sehen?

Wofür haben wir einen Blick – und wo gucken wir gerne weg?

Da wird ein blinder Mann von seinen Freunden oder Nachbarn zu Jesus gebracht.

Der soll ihn gesund machen! Das trauen sie ihm zu!

Ein ganz schlichter Satz.

Aber so selbstverständlich ist das gar nicht, dass einer Freunde und Nachbarn hat, die sich kümmern, die einen Blick für seine Not haben, die sich einfühlen können.

Hoffentlich haben Sie es erlebt, als Sie mal eine schlimme Zeit hatten, dass jemand da war, der angerufen hat, der vorbeigekommen ist, der nachgefragt hat.

Allein solche Zuwendung kann guttun, kann Lebensgeister wecken und Kräfte mobilisieren.

Das hilft, wenn wir wissen:

Ich bin nicht allein mit dem, was ich zu tragen habe, was ich bewältigen muss!

Da sind Menschen, denen ich wichtig bin, die setzen sich für mich ein, die beten für mich, die machen sich Gedanken!

Einer hat mal gesagt: »Wenn die Leute mehr Freunde hätten, dann könnten sie sich manchen Gang zum Therapeuten ersparen, dann wäre manches leichter!«

Hoffentlich entdecken wir das ganz neu, wie wichtig der eine für den anderen ist!

Jesus nimmt den Blinden bei der Hand und holt ihn erst mal raus aus seinem Dorf, aus seiner Umgebung. Warum steht das da?

Manchmal müssen wir raus aus der vielen Arbeit, aus dem Trott und aus dem Trubel, aus dem, was uns gefangen nimmt und was uns überfordert. Wir müssen mal weg von den Menschen, für die wir verantwortlich sind, die ständig etwas von uns erwarten und uns ständig etwas aufpacken.

Ab und zu müssen wir heraus aus unserer gewohnten Umgebung, damit wir neue Kraft schöpfen können, damit wir wieder zu uns selbst finden und aus dem Abstand heraus manches klarer sehen.

Man muss ab und zu das Weite suchen, um das Naheliegende neu zu entdecken!

Und dann passiert etwas ganz Unappetitliches:

Jesus nimmt Spucke und schmiert sie dem Blinden auf die Augen. »Wie eklig!«

Wenn er den Mann gesund machen will – kann er nicht einfach mit den Fingern schnipsen und alles ist gut? Warum die Spucke?

Einige von Ihnen werden sich erinnern, dass Spucke ein

Medikament aus der mütterlichen Hausapotheke ist, Geduld und Spucke! Mutter hat gepustet, Mutter hat gestreichelt, hat Spucke auf den Kratzer oder Mückenstich gegeben – und das hat geholfen.

Vielleicht ist das erst einmal das Allerwichtigste, wenn ein Mensch gesund werden soll, dass er sich berühren lässt, wo er verletzt ist, wo er seine wunden Stellen hat, dass er jemand an sich heranlässt.

Es gibt auch heute noch Ärzte, die schreiben nicht gleich ein Medikament auf, wenn einer krank ist, die lassen sich erst einmal die Geschichte des Patienten erzählen, was ihn überfordert, was ihm Angst macht, was ihn belastet, was er an Kampf und Krampf erlebt hat.

Manchmal genügt schon ein Mensch, der uns zuhört, der sich einfühlen kann, der sich Zeit für uns nimmt, damit wieder etwas ins Lot kommt, damit wir wieder Farbe sehen können und nicht nur grau in grau.

Manchmal genügt schon ein Mensch, der uns sagt, was wir selbst uns nicht sagen können, der uns erinnert an die Größe des Lebens, der uns erinnert an den guten Gott, der an unserer Seite geht.

Und der Blinde kann tatsächlich wieder etwas sehen.

Die Umrisse sind noch nicht so ganz scharf – er sieht die Menschen wie Bäume. Aber immerhin. Es wird. Es wird immer besser!

Sehen lernen – darum geht es!

Margaret Fishback Powers hat die Geschichte von den »Spuren im Sand« geschrieben, die auf der ganzen Welt weitererzählt wird. Sie lehrt uns etwas sehen und hoffen und vertrauen in Zeiten, wo unser Blick durch was auch immer verstellt ist.

Da träumt jemand, dass er am Strand entlanggeht und zwei Fußspuren nebeneinander sieht. Ja, Gott hat versprochen, auf allen Wegen mit uns unterwegs zu sein. Ein schönes Bild! – Aber dann kommt ein Strandabschnitt, da ist nur noch eine Fußspur zu sehen. »Gott, wo warst du? Wo warst du in den Phasen meines Lebens, wo ich es besonders schwer hatte, wo ich fast umgekommen wäre vor Angst, vor Einsamkeit?«

Und Gott antwortet in der Geschichte: »Mein liebes Kind, du kannst dich darauf verlassen: Ich werde dich nie allein lassen, erst recht nicht, wenn du in Not bist, wenn dir der Wind scharf von vorn entgegenweht. Dort, wo du nur die eine Spur gesehen hast, da habe ich dich getragen.«

Was für ein Bild, das uns Margaret Fishback Powers hier vor Augen malt!

Ob wir das sehen können, dass Gott immer mit uns geht, egal, was kommt?

Wer das sehen kann, bei dem zieht so etwas wie Leichtigkeit ein, der kann loslassen, zulassen, gelassen sein!

In einer Welt, in der wir meinen, wir hätten den Durchblick, wir wüssten genau, worauf es ankommt, was zu einem gelingenden Leben dazugehört – werden wir irgendwann erkennen: Wir haben einen Gott, der ist unserem Denken eine Ewigkeit voraus.

Das heißt sehen lernen!

Wo uns die Grenzen des Lebens Angst machen, das Älterwerden, das Fehlermachen, das Scheitern, das Kranksein und Sterben, sagt uns Jesus Christus: »In der Welt habt ihr Angst, aber seid getrost, ich habe die Welt überwunden!«

So sieht der Glaubende das Leben.

Wo wir Scheu haben, auf Menschen zuzugehen und sie als Konkurrenten empfinden, da sehen wir jetzt: Jeder hat sein Päckchen zu tragen, auch der, der uns so stark erscheint. Im Grunde genommen wartet jeder darauf, dass er beachtet wird, dass er ein bisschen Anerkennung und Freundlichkeit erfährt. Das heißt sehen lernen!

Das Menschen rackern bis zum Gehtnichtmehr, um sich selbst und anderen zu beweisen, dass sie tüchtig sind, dass sie was können, das kennen wir – aber wenn einer spürt: Ich werde zu einem angesehenen Menschen dadurch, dass

Gott mich ansieht, dass er zusammenliebt, was mir so oft auseinanderfällt, das heißt sehen lernen!

Wenn wir Zeit nicht mehr als verfügbares Kapital sehen, sondern als Geschenk – das ist sehen lernen.

Wie man in den Wald hineinruft, so schallt es auch heraus

Es saß einmal ein alter Mann draußen vor der Stadt. Ein Fremder trat auf ihn zu und fragte ihn: »Wie sind die Menschen hier in der Stadt?«

»Wie waren sie denn dort, wo ihr zuletzt gewesen seid?«, wollte der Alte wissen.

»Wunderbar. Ich habe mich dort sehr wohlgefühlt. Sie waren freundlich, großzügig und stets hilfsbereit.«

»So etwa werden sie hier auch sein«, meinte der Alte.

Ein anderer Fremder kam zu dem Alten. »Wie sind die Menschen hier in der Stadt?«, fragte er.

»Wie waren sie denn dort, wo ihr zuletzt gewesen seid?«, lautete die Gegenfrage.

»Schrecklich. Sie waren gemein, unfreundlich, keiner half dem anderen.«

»So, fürchte ich, werden sie auch hier sein.«

Wie man in den Wald hineinruft, so schallt es auch heraus.

Wie ich auf Menschen zugehe, entscheidet darüber, wie sie mit mir umgehen, wie unsere Begegnungen verlaufen, wie unsere Beziehungen sich gestalten werden.

Vielleicht wartet manche »Zicke« sehnsüchtig darauf, dass endlich mal jemand das Gute, das in ihr steckt, herausliebt – mit einem Lächeln oder einem Vorschuss an Vertrauen.

Je mehr ein Mensch auftakelt, desto lauter ist sein Ruf nach Hilfe.

Vielleicht wartet manches Raubein darauf, dass ihn endlich mal jemand versteht, ihm zuhört, ihn fragt nach den vielen Geschichten, die ihn zu dem gemacht haben, der er heute ist.

Jeder Mensch möchte beachtet und geliebt werden.

Ich nehme das als Schlüssel mit in die nächste Begegnung.

Loben Sie mal und Sie werden sich wundern, was passiert.

Mancher Schüchterne könnte dabei entdecken, was alles in ihm steckt.

Lächeln Sie mal und schließen Sie dadurch die Tür zum Herzen eines Menschen auf.

Mancher Angeber müsste seine Schwäche nicht mehr so krampfhaft verstecken.

Verbreiten Sie mal gute Laune, wenn Sie den Raum betreten – das löst Reaktionen hervor.

Im Zug war eine Gruppe von jungen Männern unterwegs, ziemlich schräge Typen. Sie hatten einen Kasten Bier vor sich stehen und hörten so unverschämt laut Musik, dass die anderen Fahrgäste von dem penetranten Bumm, bumm, bumm der Bässe gestört wurden. Der Schaffner kam vorbei, zeigte die Gelbe Karte und drohte mit dem Rausschmiss.

Und dann war da eine etwa 65-jährige Dame, die hatte eine Bravo in der Hand, die sie ihrer Enkeltochter schenken wollte und begann ein höchst freundliches Gespräch mit den jungen Männern, fragte, wo sie herkamen, wohin sie wollten, was sie von der Bravo hielten. Und was passierte? Die »Rüpel« entpuppten sich als ausgesprochen nett, gesprächig, einsichtig und klug!

Wie man in den Wald hineinruft, so schallt es auch heraus.

Wir können einiges verändern in den Menschen um uns herum – und in uns selbst.

Sind wir nicht alle ein bisschen Matroschka?

Kennen Sie diese buntbemalten russischen Puppen, die Matroschkas! Die haben es im wahrsten Sinne des Wortes in sich! Wenn wir sie öffnen, kommt eine kleinere Version zum Vorschein, und dann noch eine und noch eine – und irgendwann die letzte, so klitzeklein, dass sie sich nicht mehr minimieren lässt!

Sind wir nicht alle ein bisschen Matroschka?

Bei der Freiwilligen Feuerwehr gehört er zu den aktivsten Kameraden. Er ist kompetent und beliebt, immer als einer der Ersten zur Stelle. Was kaum einer weiß: Er ist froh, wenn er raus kann aus seiner Familie. Da ist manches, was er zu Hause nicht aushält, wovor er wegläuft. Da ist der große, starke Mann ganz klein, da ist der Helfer hilflos.

Er ist ein hervorragender Prediger, eine Seele von Mensch, ein Mann mit einem starken Glauben. Und dann höre ich, dass seine Tochter immer vergeblich auf seine Nähe und Liebe gewartet hat. Der Dienst ging vor. Die Tochter hat vergeblich darauf gehofft, dass er echte Gefühle zulässt, aber er hat immer nur gezeigt, wie ein Mann wie er fühlen »sollte«. Sie ist mit ihrer Sehnsucht immer wieder ins Leere gelaufen und schließlich vom Alkohol abhängig geworden.

Integre Politiker haben heimlichen Liebschaften und Ungereimtheiten. Und die Frau, die stolz darauf ist, in allen Töpfen zu rühren, ein Tausendsassa zu sein, ahnt nicht, dass ihr Mann oft vergeblich auf ihre Liebe gewartet hat und irgendwann sogar woanders suchte. Und der Moralapostel schweigt, wenn er mit der Unmoral Geld verdienen kann. Schenken Sie mal einem Vegetarier eine Wurstfabrik!

Sind wir nicht alle ein bisschen Matroschka?

Mal charmant und freundlich, und dann meldet sich die kleine Zicke in uns, die gerne mal austeilt, die ausgesprochen unangenehm sein kann. Mal sind wir stark und mutig, und dann melden sich unsere Selbstzweifel, wir sitzen da wie ein Häufchen Elend. Und gerade dann, wenn wir uns stachelig, cool und abweisend zeigen, warten wir umso mehr auf die Beachtung und Zuwendung der anderen – dass die doch bitte bitte noch etwas anderes in uns sehen als das, was auf den ersten Blick zu sehen ist. Zu Hause oft müde, wortkarg und ohne Mumm, blühen wir in anderer Umgebung auf! Seltsam.

Sind wir nicht alle ein bisschen Matroschka?

So und so – und noch ganz anders!

Und im Kern – jenseits dessen, was wir an Rollen spielen, was die Jahre aus uns gemacht haben, wo wir einfach nicht aus unserer Haut können, sind wir das geliebte Gotteskind! Einzigartig, wertvoll, grandios, mit ganz viel Himmel im Herzen!

Vergessen Sie es nicht unter ihren vielen »Verpackungen« – und denken Sie dran, wenn Sie jemand begegnen: Er/sie ist immer auch noch etwas ganz anderes als das, was wir normalerweise sehen.

Die einen haben zu viel – die anderen haben zu wenig

Same procedure as every year: Ich stehe vor dem Kleiderschrank und sortiere aus, was nicht mehr passt: Mir nicht mehr – und nicht mehr in die Zeit.

Die guten Brax-Hosen sind noch wie neu! Aber was soll's: Unten ganz eng geschnitten, wirken sie jetzt etwas peinlich zu den üppigen, runden Formen um Hüfte und Po. Damit kann ich wirklich nicht mehr unter die Leute gehen. Aber wie viele Frauen könnten gerade mit diesem Schnitt top-schick aussehen, wie vielen könnte ich damit eine Freude bereiten!

Was tun? Second-hand-Laden, e-bay, eine Nachbarin fragen oder schnell in den Sack für die Bethel-Sammlung stecken?

Der eine hat zu viel, der andere hat zu wenig!

Wie das so ist in dieser Welt! In unseren Restaurants werden Tonnen von hochwertigen Lebensmitteln vernichtet, während manche Mutter nicht weiß, wovon sie ihre Kinder vernünftig ernähren soll.

Es gibt Regionen, da würde ein Eimer mit Trinkwasser ein wichtiger Beitrag für das Überleben eines Menschen sein – während ich diese Menge bei einer einzigen Toilettenspülung gedankenlos durchrauschen lasse, ganz zu schweigen von meinem Duschgewohnheiten.

Die einen machen Überstunden bis zum Umfallen, bis zu chronischen Kopfschmerzen und Magengeschwüren, so lange, bis Beziehungen dem Dauerstress nicht mehr standhalten – und andere finden keine Arbeit. Ihre Talente liegen brach, ihr Selbstwertgefühl verkümmert!

Das gilt auch im Ehrenamt: Einigen wird so viel aufgepackt, von anderen oder sich selbst, dass sie fast zusammenbrechen – und andere warten vielleicht sehnsüchtig darauf, dass sie auch mal gefragt werden und das Gefühl bekommen: »Du bist wichtig, wir brauchen dich!« Bisher hatten sie immer das Gefühl: »Das ist da so ein Klüngel im Verein, die machen alles unter sich aus und ich gehöre nicht dazu!«

Was wissen wir schon davon, wie viele Menschen sich freuen würden, wenn man sie mal ganz persönlich anspricht, »ihnen ein Wort gönnt«, wenn man sie um etwas bittet – ihnen signalisiert: Du bist willkommen, auf deinen Beitrag kommt es an.

Manche Zeitgenossen stöhnen über die Vielfalt der Einladungen, die sie wahrnehmen »müssen«, wo sie »verpflichtet« sind. Als »Party-Hopper« sind sie unterwegs von einer Feier zur nächsten – und sind dabei überall und nirgends. Andere würden sich freuen, wenn sie mal eingeladen würden, wenn sie willkommen wären in bestimmten Kreisen.

Können wir an diesen Verteilungen etwas ändern?

Um-verteilen? Vielleicht brauchen wir dazu viel Fantasie, aber wer sagt eigentlich, dass immer alles so bleiben muss, wie es ist?

Gott hat mit der Neu-Verteilung (Martin Luther nennt das einen »fröhlichen Tausch«) angefangen, wenn er sagt:

Gib du mir deine Angst und Enge – ich lass dich teilhaben an meiner Weite.

Gib mir, was dich unter Druck setzt – ich zeige dir eine Freiheit, die alle Ketten sprengt.

Gib mir deine verkorksten Beziehungen – ich lass dich neue Wege finden.

Gib mir deine Komplexe, dein angeknacktes Selbstbewusstsein – und ich zeige dir, wie wertvoll du bist, was alles in dir schlummert!

Wahrscheinlich werden wir im Großen der Welt nicht viel verändern können, es wird wohl immer wieder vorkommen, dass Spendengelder und Hilfsgüter nicht dort ankommen, wo sie gebraucht werden, dass 1. Klasse-Abteile leer sind, während die 2. Klasse überfüllt ist.

Auf dem Bahnhof entdecke ich Plakate der Kindernothilfe: »Verzeihung, ihr Sparschwein hat gerade eine Krankenschwester verschluckt!« – »Moment bitte, Sie haben sich gerade mit Schulbüchern eingecremt!«

Vielleicht haben wir von etwas ganz viel und kennen jemand, der genau davon zu wenig hat.

Es geht nicht nur um Brax-Hosen.

Wem könnte ich abgeben von meinen Büchern, von meiner Zeit, von meinem Geld, von meinen Gedanken, von meinem gemütlichen Zuhause, meiner Hoffnung, meiner Liebe, aber auch von meinem Kummer, von meiner Arbeit?

In der Kirchengemeinde Großenwieden gibt es eine »Tauschbörse«.

Da hängt eine Pinnwand im Kirchturm und daran werden Zettel mit den Rubriken »Ich biete« und »Ich brauche« geheftet.

Da steht dann vielleicht:

Ich kann Ihre Kinder nachmittags bei den Hausaufgaben beaufsichtigen und Vokabeln abfragen – ich suche jemand, der einmal in der Woche den großen Einkauf für mich erledigt!

Ich helfe Ihnen gerne bei der Gartenarbeit – ich suche jemand, der meine Oberhemdem bügelt.

Ich habe ein gemütliches Wohnzimmer und koche leidenschaftlich gern – ich suche jemand, der mich ab und zu besucht, mit dem ich reden kann.

Das wäre doch was, wenn unter uns ein fröhliches Hin

und Her entstünde unter der Überschrift: Ich brauche und ich biete. Dabei wünsche ich uns eine blühende Fantasie.

Was wirklich zählt auf dieser Welt, bekommst du nicht für Geld

Wenn ich unterwegs ein paar Bücher verkauft habe, dann stecken am Abend einige 5-Euro-Scheine im Portemonnaie. Und wenn ich sie ordne, dann denke ich manchmal darüber nach, durch wie viele Hände diese Scheine wohl schon gegangen sind. Welche Geschichten könnten sie erzählen? Was haben sie erlebt auf ihren langen Wegen? Wie viel Freude und wie viel Leid haben sie bereitet?

Mit dem Geld wurden die Blumen für den Krankenbesuch bezahlt, die Augentropfen für den Grünen Star, die Schulbücher der Kinder, die Lebensmittel im Supermarkt, das Geschenk zu Omas Geburtstag, das Heizöl für die Wintersaison, der Besuch beim Friseur mit Strähnchen und Schneiden, die Eintrittskarte für die Gartenausstellung und das Essen im Restaurant ...

Geld hat viel Freude bereitet.

Mit dem gleichen Geld wurden Menschen ausgenutzt und übers Ohr gehauen, haben sich Große und Kleine schmuddelige Videos besorgt, Männer für ein paar Stunden den Leib einer Frau »gekauft«. Es wurde Alkohol besorgt, der verheerende Spuren hinterlassen hat, es wurden Waffen bezahlt und Drogen. Menschen wollten kaufen, was für Geld nicht zu haben ist, sie hatten schlaflose Nächte wegen ihrer Schulden.

Geld hat viel Leid bereitet und unruhig gemacht.

Lehrgeld, Urlaubsgeld, Kindergeld, Pflegegeld, Weihnachtsgeld, Schwarzgeld, Haushaltsgeld, Schweigegeld, Bußgeld, Trinkgeld, Schlechtwettergeld ...

Geld hat helle und dunkle Seiten. Wir haben es in der Hand!

Salvador Dali hat gesagt: »Geld haben ist schön, solange man nicht die Freude an den Dingen verloren hat, die man nicht kaufen kann!« Ja, das stimmt.

Woran du dein Herz hängst, das ist dein Gott, das nimmt dich in Beschlag.

»Das Leben ist zu einem Zehntel so schön, wie man es sich finanziell leisten kann und zu neun Zehnteln so schön, wie man es erlebt!« – Das wird einer, der jeden Pfennig umdrehen muss, der richtig arm ist, als Hohn, als zynisch empfinden, aber überlegen Sie mal, wie viel Freude, wie viel Glück, wie viel Freundschaft wir erleben können – zum Nulltarif!!

Ich hab das mal aufgelistet – und war fasziniert von dem, was dabei herausgekommen ist!

Ich wünsche uns, dass aus unserem Geld ein Segen wird, dass wir damit Freude bereiten, Lebensqualität schaffen, Gemeinschaft pflegen, die Welt zum Guten hin verändern – dass es uns reich macht in einem tiefgründigen Sinn.

Ob ich mich arm oder reich fühle, das ist nicht nur eine Frage des Kontostandes. Es ist eine Frage meiner Lebenseinstellung – und auch die Frage, ob wir verantwortlich vor Gott und Menschen mit dem umgehen, was uns anvertraut ist.

Es reicht schon ein kleiner Betrag, den wir jeden Monat für ein Patenkind in Äthiopien überweisen, damit eine große Hilfe geschehen kann. Abgeben macht uns nicht ärmer, sondern reicher.

Stellen Sie sich mal für einen Moment vor einen Blumenladen und beobachten Sie Menschen, die mit einem Strauß aus dem Geschäft kommen. Sie werden merken, wie das Gesicht dieser Menschen strahlt, voller Vorfreude auf das Verschenken ist.

Schenken macht schön und macht leicht!

Udo Jürgens hat seinerzeit gesungen: »Was wirklich zählt auf dieser Welt, bekommst du nicht für Geld!«

Darüber können wir lange nachdenken.

Zulassen, loslassen, gelassen sein

Seine Lieder sind wie eine eiserne Ration. Wer sie singt und vielleicht sogar auswendig kann, der hat Worte, die tragen, sogar dann, wenn ihm das Leben mal die Sprache verschlägt.

Die Lieder von Paul Gerhardt geben Durchhaltekraft und Trost, sie öffnen ein Fenster zum Himmel und sprechen von Lebensfreude. Sie lassen uns wissen, dass unsere Zeit aufgehoben ist in Gottes Ewigkeit! Sie sprechen vom guten Ende – und dass uns nichts den Mut nehmen kann, wenn Gott an unserer Seite geht.

Schön wär's!

Paul Gerhardt, ein Lebenskünstler?

Nein, er war ein Mann, der etwas wusste von der Brüchigkeit des Lebens. Sie war sein ständiger Begleiter in den Jahren zwischen 1607 und 1676. Er wusste etwas von zerstörten Städten, von Mobbing, von verlorener Liebe, von der Pest, vom Leid und vom Sterben, von »Wegen, die das Herze kränken« und von »Höhlen, wo der Kummer nagt«.

Das macht ihn so überzeugend. Er weiß, wovon er spricht und singt!

Ein großes Thema bei Paul Gerhardt ist »zulassen, loslassen und gelassen sein«!

Zulassen? Nein, so schnell gebe ich nicht auf, um den Dingen ihren Lauf zu lassen. So schnell finde ich mich nicht ab. Ich kämpfe, dass Beziehungen gelingen, dass unser Zuhause ein einladender Ort ist, dass wir halbwegs gesund leben – und das Beste versuchen, damit die Welt um uns herum ein wohnlicher, freundlicher Lebensraum ist.

Was heißt hier: »Da kann man nichts machen!« Doch, wir können etwas machen, wir sind ausgestattet mit Fantasie, wir sind begabt mit Klugheit und Liebe – in uns lassen sich viel mehr Kräfte mobilisieren, als wir meinen. Wir können etwas auf die Beine stellen. Die Erde ist unsere Pflicht!

Aber manchmal steht der Homo faber, der Mensch, der

alles im Griff haben will, da und muss loslassen, was er so gerne festhalten würde.

Er muss zulassen, was er nicht wahrhaben will, wogegen sich alles in ihm sträubt. Ob es uns passt oder nicht: Es gibt Situationen, da hast du keinen Einfluss auf das, was sich entwickelt!

»Befiehl du deine Wege und was dein Herze kränkt, der allertreusten Pflege des, der den Himmel lenkt. Der Wolken, Luft und Winden gibt Wege Lauf und Bahn, der wird auch Wege finden, da dein Fuß gehen kann!«

So ein Lied widerstrebt dem modernen Menschen von heute! Er möchte die Fäden in der Hand haben, ich verstehe das. Aber wissen Sie, was jemand in diesem Zusammenhang gesagt hat: »Wie kann man Gott zum Lachen bringen? – Indem man ihm erzählt, was man für morgen und das nächste Jahr plant!«

»Lass los«, rät Paul Gerhardt, nur so zieht so etwas wie Gelassenheit bei dir ein.

Überlass Gott die Menschen, die dir wichtig sind, die du liebst, für die du dich verantwortlich weißt. Ja, du kannst ihnen manches geben, aber letzten Endes kannst du sie immer nur ein Stück weit begleiten, mehr geht nicht – dann lieg Gott in den Ohren, dass er sich kümmert, damit du zur Ruhe kommst, damit du nicht ständig unter Druck stehst!

Das gilt ganz besonders für die eigenen Kinder!

Lass los! Auch die Erwartungen an die Menschen um dich herum, die vielleicht gar nicht so wollen, wie du willst, und die vielleicht manches ganz anders sehen, als du es für richtig hältst!

Lass los, auch das Schwere, das dir den Boden unter den Füßen wegzieht, was dir Angst macht, wo du Fehler gemacht hast, wo du mit deinem Latein am Ende bist.

Lass los, lass zu und du findest Gelassenheit, du wirst lockerer!

»Mit Sorgen und mit Grämen und mit selbsteigner Pein lässt Gott sich gar nichts nehmen, es muss erbeten sein.«

Ja, wir können Grübeln bis zum Gehtnichtmehr, was ist und was alles kommen könnte, aber das ändert nichts, außer dass es uns lähmt und bedrückt, unsere besten Kräfte raubt und sich wie ein Grauschleier auf unsere Tage legt.

Wenn du das Beste gegeben hast, überlass Gott, was daraus wird. Mehr geht nicht!

Beten ist praktizierte Gelassenheit!

Manchmal ist das wie Bungee-Springen. Man rast im freien Fall in die Tiefe – und fragt ängstlich: Ist da wirklich einer, der unser Loslassen, unser Fallen auffängt?

Es ist nicht leicht, aber nur so wächst echte Gelassenheit. Nicht mein Rackern ist letztlich das alles Entscheidende, sondern das, was Gott Gutes für uns fügt!

Paul Gerhardt hat großen Kummer gehabt, unendlich viel verloren im Leben: Vier seiner fünf Kinder und seine Frau.

Er hat das alles rausgesungen, hat geklagt und seinen Gefühlen freien Lauf gelassen. Und irgendwann, wenn ein Mensch seine Wut, seine Ohnmacht, seine Verlassenheit zugelassen, rausgelassen, losgelassen hat, dann zieht so etwas wie Gelassenheit ein!

Die Liebe der Stachelschweine

Da war eine kleine Gruppe von frierenden Stachelschweinen, die schon lange nichts mehr zum Fressen gefunden hatten. Die Stimmung war denkbar mies. Was tun?

Sie rückten eng zusammen, um sich durch gegenseitige Körperwärme vor dem Erfrieren zu schützen. Das war gut gedacht, aber wir können uns vorstellen, was passiert, wenn Stachelschweine kuscheln wollen: Sie pieksten sich gegenseitig. Autsch, das tat weh! Und nun? – Schnell rückten sie wieder auseinander.

Doch sobald sie auf Distanz gingen, begannen sie wieder zu frieren.

»Was soll's, dann müssen wir halt die Stiche in Kauf nehmen«, sagten sie sich und suchten wieder die Nähe der anderen. Ein ständiges Hin und Her! Nach einer langen Zeit des Frierens und des Zusammenrückens haben die Stachelschweine herausgefunden, welches der best-mögliche Abstand war, um einerseits nicht zu frieren und um andererseits nicht allzu sehr gepiesackt zu werden.

Diese Geschichte nach Arthur Schopenhauer habe ich im Magazin »Stern« entdeckt. Es ging um die große Koalition. Auch da müssen sich Politikerinnen und Politiker zusammenfinden, die sich zuvor in manchen Debatten kräftig »angestachelt« hatten! Sie müssen sich um der gemeinsamen Sache willen zusammenraufen und dürfen trotzdem ihr je eigenes Profil nicht verlieren.

Ist das nicht in jeder Beziehung so, dass wir eine gesunde Mischung aus Nähe und Distanz brauchen? Zu viel Nähe macht verletzlich und erdrückt – und zu viel Distanz lässt erfrieren! Das gilt für Ehen, Familien und Freundschaften, für Kirchengemeinden, Vereine und Firmen.

Nicht einmal Engel dürfen zu dicht beieinanderstehen, sonst scheuern sie sich die Flügel wund!

Wie ist das bei den Kindern? Da wünschen wir uns als Mutter vielleicht sehr viel Nähe – und dann spüren wir, wie die Kinder ihre Stachel aufrichten. »Dont't mother me!« – »Betuddel mich nicht ständig. Erdrück mich nicht mit deiner Fürsorge.«

Wir brauchen einander, im kleinen Kreis, aber auch in einer Welt, die immer mehr zusammenrückt. Die Kulturen und Religionen und Interessen müssen sich begegnen, damit Frieden ist. Aber wie geht das: Distanz überwinden und trotzdem das Eigene bewahren?

Die Zoologen wissen, dass es seltene Momente im Leben der Stachelschweine gibt, da ziehen sie ihre 30 0000 Stacheln ein und tanzen miteinander. Das ist vor der Paarung, wenn der große Ruf des Lebens in ihnen stärker wird als alles andere.

Der Tanz der Stachelschweine, die Liebe der Stachelschweine.

Ach ja, denke ich, solche Momente wünsche ich mir, dass wir so etwas wie »Schalom« erfahren, dass wir immer wieder einmal um des Lebens willen zusammenrücken.

Die Stacheln einziehen, die Empfindlichkeiten, die Eifersucht, die Vorurteile und das Recht-haben-Wollen zurückstellen – und wissen: Wir brauchen einander! Damit das Leben gelingen kann in unseren Familien, Dörfern und der weltweiten Menschheitsfamilie.

Und dem, der uns sticht, dürfen wir in aller Freundlichkeit auch mal sagen, wie uns das verletzt! Doch, das ist erlaubt.

Ich wünsche uns gute Erfahrungen auf dem Weg zum Tanz der Stachelschweine.

Ins Goldene Buch eintragen

Das war eine Sternstunde für Berlin, als John F. Kennedy sich im Juni 1963 in das Goldene Buch eingetragen hat – nach seiner historischen Rede, die durch den Satz »Ich bin ein Berliner« wohl für immer in den Herzen der Menschen bleiben wird.

Der Eintrag ins Goldene Buch einer Stadt ist ein symbolischer Akt, in dem sich Ehre und Anerkennung ausdrücken.

»Er oder sie war hier – und das war und ist für unsere Stadt etwas ganz Besonderes!«

Ich habe auch ein Goldenes Buch. Es hat keinen luxuriösen Einband mit Edelsteinen, die Seiten sind nicht aus feinem Bütten und ich schreibe nicht mit einem exklusiven Montblanc-Füllfederhalter mit Goldfeder.

Es ist alles sehr viel einfacher!

Aber ich schreibe Dinge in mein Goldenes Buch, die mir besonders viel bedeuten, für die ich zutiefst dankbar bin, die nicht verloren gehen sollen, weil sie mein Leben sehr reich gemacht haben.

Wie heißt es so schön: »Gott gibt uns Erinnerungen, damit wir im Winter Rosen haben« – und »Dankbarkeit ist das Gedächtnis des Herzens.«

Wir haben erlebt, wie uns das Leben eines unserer Kinder ein zweites Mal geschenkt wurde.

Wir waren dabei, als der Älteste beim Promotionskolloquium mit »Summa cum laude« ausgezeichnet wurde.

Es war ein bewegender Moment, als der Schulrat bei der Prüfung sagte: »Herzlichen Glückwunsch, Sie können sehr stolz sein auf Ihre Tochter!«

Und wir hätte tanzen können vor Glück, als wir erfahren haben, dass wir Großeltern werden.

Ich habe eine Freundschaft erlebt, die einen unbeschreiblichen Glanz in mein Leben gebracht hat, mich auf Wegen begleitet hat, die für mich allein zu schwer gewesen wären.

Da waren die Tage in Südtirol mit dem Besuch der Gärten um Schloss Trauttmannsdorff – und die Dame im Zug von Rheine nach Minden, die damals beim Luftangriff auf Dresden dabei war und aus ihrem bewegten Leben erzählte.

Ich habe gelesen, dass dankbare Menschen angenehme Leute sind. Sie versprühen Lebenslust, haben so etwas wie Bejahekraft in sich und sehen die Welt mit völlig anderen Augen als jemand, der ständig nörgelt und die Tendenz hat, mehr auf das zu sehen, was fehlt, als auf das, was da ist!

Wer danken kann, der leidet seltener unter Stress und depressiven Verstimmungen, das wirkt sich positiv aus auf die Hormone und den Blutdruck!

Wir haben den Schlüssel zum glücklichen und zufriedenen Leben, wenn wir das Zauberwort kennen, das dieser Welt und allem Miteinander der Menschen ein anderes Gesicht gibt: Danke!

Ja, ich habe mein ganz privates Goldenes Buch, da steht etwas drin von dem überaus herzlichen Brief, den mir jemand geschrieben hat, von meinem lädierten Sehnerv, der bislang allen Aushöhlungen standgehalten hat, vom »Indian Summer« in meinem Garten, von Menschen, die mein Leben reich machen, von einem guten Gott, der alle Wege mit mir geht, die ich zu gehen habe – und der mich ab und zu etwas von der Weite des Himmels ahnen lässt.

Mein Goldenes Buch ist etwas ganz Besonderes!

Wie im Himmel

Das verspricht Qualität, wenn Landfrauen ein Kino mieten, um sich gemeinsam einen Film anzuschauen, in diesem Jahr »Wie im Himmel« vom schwedischen Regisseur Kay Pollak.

»Schon als ich noch ein kleiner Junge war, wollte ich Musik machen, die die Herzen der Menschen öffnet.« Dies sagt der weltberühmte Dirigent Daniel Dareus.

Aufgewachsen ist er in einem kleinen schwedischen Dorf, wo ihn die Schulkameraden verprügelt haben, weil er so anders war mit seiner Musik. Später wurde er auf den Bühnen der Welt bejubelt, sein Terminkalender war für sechs Jahre im voraus gefüllt. Und dann bricht er während eines Konzertes völlig erschöpft zusammen.

Er lässt die große Musikwelt hinter sich und kehrt in sein Heimatdorf zurück, »back to the roots«. Eigentlich möchte er sich völlig zurückziehen, aber dann übernimmt er doch das Amt des Kantors und damit auch den kleinen Kirchenchor der Gemeinde.

Über seine große Leidenschaft zur Musik findet er zu den Menschen zurück und lernt die Sorgen und Nöte der Chormitglieder kennen.

Da ist die Frau, die von ihrem jähzornigen Ehemann regelmäßig verprügelt wird – und alle sehen schweigend zu. Da ist der Dicke, der seit Jahr und Tag als »Speckschwarte« gehänselt wird und diese Verletzungen irgendwann nicht mehr ertragen kann.

Da ist Lena, die verliebt war in einen Arzt, von dem das

ganze Dorf wusste, dass er in Stockholm Frau und Kinder hatte – und keiner hat gesagt, dass die Beziehung keine Chance besaß.

Da ist die Pastorenfrau, deren Mann Moral predigt und im Bücherschrank Pornos versteckt.

Es gibt viel Heuchelei im Dorf, lange schwelende Konflikte und Sehnsüchte, aber auch großartige Begabungen und Sensibilität.

Daniel Dareus ist überglücklich, als er erkennt, dass er die Herzen der Menschen berührt, sie den Ton, die Melodie finden lässt, die in ihnen allen schlummert.

Bei einem Chorwettbewerb in Österreich bricht Daniel auf der Toilette zusammen – und hört über die Lautsprecheranlage des Hauses, wie sein Chor ohne ihn den Ton des Lebens findet und alle anderen Teilnehmer des Wettbewerbs damit inspiriert. Eine bewegende Szene!

»Wie im Himmel«: Der Film rührt vieles an, was unter der Oberfläche gärt, was in den Menschen schlummert an Sehnsucht, Kummer und Potenzial.

Manchmal wünsche ich mir, ich könnte die Melodie des Lebens zum Klingen bringen, die die Herzen der Menschen öffnet, bei der sie ihre Grandiosität und Kraft, ihren ganzen Reichtum entdecken und entfalten – und endlich rauskommen aus den alten Mustern, die sie aufhalten.

Weitere Bücher und CDs
von Heidrun Kuhlmann bei Johannis: